宇都宮＝宇宙の宮から見た

【シリウスVSオリオン】

招魂の画家／国連支援交流協会
文化・芸術振興支部長
篠崎 崇

ヒカルランド

◉NASAも陰謀論者も太陽の秘密はひもといていません。私の予想では、結局、太陽から来たヤタガラスの連中が全部コントロールしていると思います。

◉12支族の上にもう1つレビ族がいるんです。レビは何者かというと、お祭りとか神官の儀式を取り仕切る神官の職です。トップの遺伝子はYAPマイナスです。これは夏、殷、周、あと秦の始皇帝、呉の王朝もそうです。イエス・キリストもYAPマイナスです。

◉お金を集めるバチカン銀行はスイス銀行の権化です。北朝鮮にカネを貸しているのはバチカン銀行ですから、軍産複合体なんです。やつらは、戦争してお金儲けをするんです。

◉皇族の中でYAPマイナスが残ったのが夏、殷、周、呉なんです。呉が四大王朝の最後でしょう。夏の王朝からの財宝も全部、呉が引き受けたはずなんです。だから、今現在、呉王朝がイルミナティ、メーソンを裏から牛耳って改心させようとしているわけです。

◉裏で命令を出しているのは月の裏側の王国（シリウス）です。それに守られているんです。月の裏が、「今後、オリオンのやつらにあの大津波は二度とやらせないぞ」と激怒したわけです。「神の国・日本をよくも潰そうとしているな」と。オリオンは、100メートルの津波をロンドン、パリ、ブリュッセルにやると脅していたわけですが、その警告で手出しできない。

◉でも、やつらはやるかもしれないというので、2012年から毎日、葉巻型UFOが何十機と日本上空に滞在して日本を守っています。

◉2012年に、あと何が起きたか。呉王朝が発足したんです。呉はYAPマイナスの直系ですからね。

◉2012年に呉王朝が発足して、葉巻型UFOが完全にシリウスの監視態勢に入って、女性の文化のかごめ歌が目を開いたんです。かごめ歌が訪れたというのは、三つ目が開いたということです。ここで初めて日光と宇都宮の秘密が表に出てくるんです。

◉神社にある八咫《やた》の鏡を知っていますか。じつは、神社は唯一、神がいません。出入りする人間こそが神なんです。神道は世界最古の教えだから、本尊に偶像崇拝も何もないんです。八咫の鏡は、自分の顔を映して「あなたは神の分け御霊ですよ」と教えるためのツールです。それが「後ろの正面」の意味なんです。

◉メーソンはYAPの部族がもとなんです。そのシステムをオリオン系のやつらが横取りしてしまって、ユダヤ教に改宗すればユダヤ人になれると言ってユダヤ資本でむさぼって悪さをしている。

◉ニカイア公会議が開かれて間もなくできたのがバチカン市国で、そのときにできたのがバチカン銀行です。バチカン銀行はスイス銀行にもお金を貸しています。

◉それから、歴史上の世界大戦及び今回の北朝鮮の問題等にも、軍産複合体を利用して資金を出しています。フリーメーソン、イルミナティが大きなお金儲けができるときに、政府または世界の大きな陰謀的な出来事に出資するのがバチカン銀行です。

◉ムー大陸がスンダランドだということを突きとめました。ノアの洪水の前は陸地がすごく広かった。チベットのヤルツァンポ川、インドのガンジス川、中国の揚子江、黄河、アジアの主要な川の流れを示す溝が海底に残っているんですが、それが全て日光に集まっていたんです。

◉つまり、日光を宇宙の頂点として、地球の地殻はできている。ノアの洪水によって日本列島が隆起して、今、日光の次元は高くなっている。だから、日光を含む関東地方は大きな災害に襲われません。そして、世界一おいしい水が出る。

◉オーリーオーンが堕天使として地上に落とされたのがオリオンです。それで一緒に手を取ったのがルシファーなんです。ルシファーがシリウスの力を借りて、オリオンが綱で縛った。ルシファーも、父親に謀反を起こしているから、もとに戻れないんです。

◉絶対3神と言われているのがシリウス、オリオン、プレアデスで、プレアデスはスバル星人（金星人）です。プレアデスは、あくまでシリウスの言うことを聞くスピリチュアルな民族です。プレアデスは、赤と青の中間の黄色を好みます。

◉プレアデスは、ＤＮＡ操作をして、さまざまな下僕の民族を世界中につくりました。ですから、中国人のエンペラーの色は黄色なのです。

◉整理すると、オリオンが赤、シリウスが青、プレアデスが黄色です。これで世界がひもとけます。

◉エノクは、この世が混乱したときに町ごと空に浮かんだと言われていますが、実は大型UFOでシリウスの都に疎開したんです。「エノク書」が、『天空の城ラピュタ』の話のルーツです。

◉エノクのUFOは地球サイズで、太陽の裏側にあります。シリウスのYAPマイナスの命令が月の裏側から来れば、いずれ戻るわけです。これが弥勒降臨と同じものです。弥勒降臨はラピュタのことを言っているんです。

◉シリウスの宮殿は月の裏側にあります。一番権限が強いので、地球に一番近いところにいるんです。オリオンの連中は追いやられて、火星にいます。

◉火星のシドニア地区には、3大ピラミッド、スフィンクスの顔をした人面岩があります。彼らは地下に住んでいて、アメリカのメーソンの連中はUFOに乗って時々行ったり来たりしています。プレアデス星人は金星の都にいます。

◉古代ユダヤ教はシリウスの教えなので、キリストはオリオンではなくてシリウスです。ニカイア公会議の後にグノーシス派が弾圧されて、ことごとく惨殺されて消えたように見えましたが、実は裏に入ったのです。

◉そして、表のイルミナティをオリオンが乗っ取ったのですが、裏のシリウスのイルミナティは綿々と残った。この流れをくんだのがレオナルド・ダ・ヴィンチです。

◉義経は平泉で焼き討ちに遭ったけれども、中国大陸に逃れて、チンギス・カンになったわけです。彼がたどり着いた中国の都の遺跡には、いまだにササリンドウの家紋が刻印されています。義経がモンゴル相撲のルーツにつながるんです。

◉裏磐梯の五色沼が五色人のルーツになるんです。裏磐梯から歩いて1時間30分で、あんなに色が変わる湖なんて世界のどこにもないです。それも朝夕方で色が変わる。そして、裏磐梯には金鉱があるんです。

◉フリーエネルギーはとっくにできています。それから、JT60という核融合が20年ぐらい前に完成しているんです。

◉核融合は原料がタダなんです。原料は二重水素、三重水素という重い水素で、これは塩水から取れますからタダなわけです。そして太陽のエネルギーと同じように、水素からヘリウムという変化なんです。核融合を起こすことによって、無尽蔵のエネルギーがタダで発電できるJT60が、20年ぐらい前に完成しています。

◉日産のスカイラインGT－Rは、一般市販車の世界最速を目指しました。シリウスのテクノロジーがあれば、フェラーリとかランボルギーニの2分の1以下の値段で世界最速のクルマをつくれるんです。

カバーデザイン　櫻井 浩（⑥Design）
カバーイラスト　篠﨑 崇
校正　麦秋アートセンター
編集協力　宮田速記
本文仮名書体　文麗仮名（キャップス）

目次

Part 1

プロローグ「宇宙の秘密」「人類の歴史の秘密」がビジュアル化して私にやって来るようになった!?

Part 2

日本人の潜在意識は黄金のDNAの2重らせんに３３３×２＝６６６の塩基でできている⁉

Part 3

ガイアの法則で2012年より日本が再び世界の盟主に返り咲いている

Part 4
我よし、物欲、支配のオリオンによって今地球が滅びようとしている

Part 5 現在、呉王朝がイルミナティ、メーソンを裏から牛耳っている理由

Part 6
富士山と日光と宇都宮、日本深奥の秘密を開示する

Part 7

ガイアの夜明け、
1人1人の覚醒を担うのは、日光と宇都宮である……

Part 1

プロローグ
「宇宙の秘密」
「人類の歴史の秘密」が
ビジュアル化して
私にやって来る
ようになった!?

命の原点のアートにたどり着くまで

私は、今住んでいる宇都宮の上横田町で生まれました。先祖は江戸時代末期に酒造会社を開いて、見渡す限りの土地を残したのですが、おじいちゃんの代に丁半博奕で全ての財産をなくして、小学校に上がるまで、雨漏りのする家で育ちました。

おじさん、おばさんは大富豪でしたので、小学校へ上がる前から1人に1人ずつ家庭教師をつけて、小学校では中学校の勉強、高校になると大学受験勉強ということで、3分の1ぐらいが東大へ行っているような家系で、本家の子どもが出来が一番悪いと言われました。

たまたま7歳のときに、栃木県の児童絵画コンクールの小学生の部で私が金賞を取りまして、学校の先生にとても褒められたことがきっかけで、大人になったら感覚的な仕事で世界に出たいと思うようになって、勉強をせずにアートに専念しました。

中学校3年までのアートの研究で、次の時代のアートをつくり上げた巨匠は、大体自殺とか飢え死にとか、生きている間には世に出られないのが普通なことを知っていましたので、自分が自分のパトロンになれば、アートで売れなくても次の時代のアートをやれると信じて、自営業でやってきました。

最終的に命の原点のアートにたどり着いて、8年前に、亡くなった人の命をこの世に呼び戻すアートというテーマで画集をつくりまして、ハーバード大学主催の世界文化学会で、私の画集『虚舟』を発表しました。

それを皮切りに、2011年には岡本太郎美術館の生誕100年記念事業として展覧会をやりましたが、マスコミには一切取り上げてもらえませんでした。そこで、私財をなげうって、世界を相手に活動してきました。

1年ちょっと前に全てを失いましたが、そのころ講演会の依頼があって、国連の支援組織から文化芸術の振興支部をつくってほしいと依頼があって、総会では、私が国連の代表でやってくれという依頼を受けたところです。

ヒカルランドさんとの出会いも含めまして、全てを投げ出さないと神は味方をしてくれないのかなという印象を、今、抱いています。

約15年ほど前に、命の原点を求めて半年近く、ガス会社もやっていましたので朝5時から夕方までボンベ配送、その後、夜11時まで、私のテニスクラブのレッスン、その後、アートをやってということで、睡眠時間もほとんどなく、自分を追い詰めていきましたところ、山の中で2度、意識を失って倒れて、3回目に倒れたときに、あたり一面が夕焼けになっていたという体験をしました。その後、亡くなった人の魂を会いたい人に会わせるアートをやろうというところにたどり着きました。

そのとき以来、宇宙のデータベースのアカシックレコードの中から、自分が思い描いたものが、朝の4時ごろ、映像として頭に映るという能力が身につきました、その映像をインターネットで調べると必ず真実にリンクするところから、「宇宙の秘密」「人類の歴史の秘密」などがビジュアル化して映るようになりました。

北朝鮮のミサイル開発資金はバチカン銀行が出した

北朝鮮のミサイル開発資金はバチカン銀行が出したものです。これもビジュアル化して見えましたので、インターネットで調べましたら、2018年の春、バチカンでローマ法王とトランプと金正恩が平和の調印式を開いたというデータが出てきました。

2017年の秋に、北朝鮮のミサイルの脅威に日本のマスコミが危機感を抱いて、小学校、中学校で避難訓練などもやった後、1兆円の北朝鮮用の迎撃ミサイル配備の資金を特別予算で国会審議を通さずにおろしました。国民が1億人とすると、1兆円というと1人当たり約1万円の支出です。赤ちゃんや子どもを除いて大人1人当たりでは2万円から3万円の負担です。その後、沖縄でも同じような防衛予算が計上されました。

その後、アメリカは日本の国家予算を上回る衛星からの迎撃システムに大きく予算をとりました。カナダもとって、世界各国が北朝鮮の脅威に対する予算が出尽くしたところで平和協定を結んだわけです。

これは明らかにフリーメーソン、イルミナティ等の紀元前からの軍産複合体のシステムの1つの流れと判断できます。

アイゼンハワー大統領が辞任挨拶のときに、世界の人類は軍産複合体に今後気をつけるべきだというコメントを発表しています。

アイゼンハワーの弟子であるケネディは、同じ思想を受け継ぎ、軍産複合体及びCIA（中央情報局）の廃止を訴え、FRB（連邦準備制度理事会）は株式会社であり、アメリカのドル紙幣は米国自身で印刷すべきだと主張したのが主な理由で暗殺されました。

第2次世界大戦のときにヒトラーにお金を供与したブリル協会に予算を支出したのも、バチカン銀行です。バチカン銀行の表向きの頭取はロスチャイルドになっていますが、裏の主役はオリオン系の異星人です。

軍産複合体の歴史は紀元前１０００年のダビデ王に始まる！

軍産複合体の歴史をひもとくと、紀元前１０００年のダビデ王にさかのぼることができます。ダビデは第2期イスラエル黄金期を築いた先導者で、このころからオリオンの力添えが大きく降り注ぎ、ダビデの子どものソロモンの第2神殿が破壊され、その西側の壁がユダヤの歎《なげ》きの壁として残っています。また、同じ地に、イスラムの岩のドームが、今、建っています。岩のドームの前は、ソロモン神殿ですので、ユダヤの場所です。

ソロモンの前にさかのぼると、紀元前２０００年にアブラハムがヤハウエの怒りに触れて、おまえの一番大切なものを生け贄《にえ》として差し出しなさいと言われて、アブラハムが息子のイサクを殺《あや》めようとした瞬間に、天使が止めに入って、ヤハウエが「おまえの信心深さはよくわかった」と言った場所が、まさに岩のドームなのです。

キリスト教徒、ユダヤ教徒、さらにイスラム教徒が同じ場所を聖地とあがめるシナリオをオリオン系の異星人が築き上げ、このことが後々の宗教間のあつれきを生み、そして世界各国に絶えることのない軍産複合体を構築させたと私は判断しています。

実はアブラハムは70歳になっても子どもができなかったので、妻のサラがエジプトからユダヤの奴隷の若い女性を連れてきて、ともに生活しなさいと命令して、その後、生まれたのがイシュマエルです。しかし、その後、正妻サラとアブラハムの間にイサクが生まれたことにより、奴隷の女性とイシュマエルを砂漠に追い出して、2人は流浪の旅に出ました。このことがヤハウエの怒りに触れて、イサクの生け贄というストーリーにつながったと判断しています。

では、ヤハウエとはどのような存在なのでしょうか。ヤハウエは、カバラで言うところの御子（ケテル）の位置に該当します。イエス・キリストもケテルの位置ですので、Ａさんは、キリストはヤハウエと同じであるという見解を発表していますが、私はそれは間違いだと思っています。

銀河連邦は、シリウスＢ、ＹＡＰマイナスの天皇の位置の人間がつくりました。私はそれがヤハウエではないかと思っています。世界の歴史は、シリウスとオリオンのせめぎ合いの歴史と判断できます。

シリウスＡはＹＡＰプラスの部族です。シリウス民族とかシリウス文明とか、いろんな方が発表していますが、通常のシリウスはほとんどがＹＡＰプラスで、シリウスＡの文化と判断できます。

シリウスＢのＹＡＰマイナスは、世界で唯一、日本の本土にいる部族のみです。シリウスＡのＹＡＰプラスの部族は、アイヌ、琉球民族、ケルト、ネイティブアメリカンです。

そもそもアメリカをつくったのもロシアをつくったのもフリーメーソン

トランプが中国、ロシアと協定を結んだことによりアメリカを捨てたという報道がなされていますが、そもそもロシアをつくったのはフリーメーソンです。

フランス革命でルイ王朝が滅びたときに、1カ月ぐらい、パリ市内が無政府状態になった時期があります。これがパリ・コミューンと言われるものです。

パリ・コミューンのときに台頭した政治組織が、無政府主義（アナーキズム）です。マックス・シュティルナーが『唯一者とその所有』を書いて、無政府主義を唱えました。

無政府主義というのは曖昧な概念で、以降、アナーキストは、反政府・革命組織として弾圧を受ける組織に発展しました。しかし、このアナーキズムの流れが、自由主義の原型をつくりました。

それと同時に生まれたのがマルキシズムです。

これが共産主義の原型をつくり、アメリカとソ連が冷戦状態を長く築くことによって、軍産複合体の発展につながり、はかり知れない核兵器、軍備強化をつくりました。

これは全て聖地エルサレムで3つの宗教があつれきを生む軍産複合体の延長線上にあり、各国の国民の税金の搾取につながっています。

オリオン・プレアデスの白人文明とシリウスのYAPマイナス（日本）文明の衝突！

今はインターネットの時代ですので、本書を読まれている皆さんは、こういったことにかなり興味のある方で、かなりの情報をお持ちだと思います。

でも、幾ら情報を集めても、お互いがリンクしてくると別な世界が見えてきたりします。果たして今の都市伝説とかインターネットの情報がどこまで正しいのかという部分も、判断がつかない時代です。

私は、別な角度で人間の持っている生命の流れと宇宙のリンクを考えてみたいと思います。

例えば、情報は、あくまで結果です。とんでもない結果が生まれるのには、必ず原因があるわけです。人知を超えた原因となると、神の世界かもしれない。

「神」という概念は、きわめ方がたくさんあります。各国の宗教観の違いもあり、無神論者の方もいて、さまざまだと思います。

アインシュタインがいた時代に素粒子分野の研究が進み、ポール・ディラックというイギリスの天才科学者によって、80年前に「i」という虚数項を入れた計算が始まりました。人間の持っている意識の1割ぐらいが顕在意識で、9割ぐらいが、どうもよくわからない潜在意識だと言われます。それが宇宙の仕組みと一致していることが、だんだんわかってきました。

ここ100年近くの間に、素粒子分野の天才の先生たちが、さまざまな理論、さまざま角度から、「どうもこれは偶然ではない。宇宙は何か目に見えない力によって動いている」ということが計算上出てきたわけです。それが「サムシンググレート」です。えたいが知れないけれども何か偉大なものが、この世には存在するのです。

ここ30～40年前から、素粒子の先生たちは、宗教とか神話、あとは私みたいなアーティストの話にもリンクしてくるようになっています。フロイトの弟子のユングはご存じですね。フロイトは夢判断、ユングは潜在意識を探っていった人です。

「パウリの排他原理」でノーベル賞を取ったパウリという学者が、ユングと密会して、自分が夢に見たことをユングに話し、それを方程式に起こせないかという取り組みもしています。パウリはアインシュタインほど名前が知られていませんが、トップレベルの学者ではないかと私は思います。

シュレディンガーの方程式とか不確定性原理の方程式なんかも、パウリに検閲してもらって、「これでいけるよ」と言われて発表すると、その人がノーベル賞を取る。パウリという人は、ただ者じゃないんです。

パウリはユングとの密会を世の中に知らしめませんでした。なぜなら誤解を受けるからです。ノーベル賞科学者が、心理学者と一緒に真剣になって夢の方程式を解こうというのですからね。晩年のエジソンも、完成はしませんでしたが、あの世と交信するラジオに取り組んでいました。

人間の心とか魂は、オギャーと生まれたときにできて、死んでなくなるのではなく、生まれる前から死んだ後まで1つではないかというところに実はたどり着いているんです。

私は8年前に『虚舟』という画集をつくりました。ビバリーヒルズのジョン・ソルトというハーバードの学者と一緒に取り組んで、それをハーバードの世界文化学会で発表したんです。大乗の人の心から流れを変えたいというのが私のアートで、「亡くなった人の命をこの世に呼び戻す」というテーマでやっています。

バカかと誤解を受けるのではないかと大変恐れていたのですが、自分が自分のパトロンになれば、好き勝手なアートに取り組めると考えて、20代から自分の会社をつくったんです。

私は7歳のときからアートを始めました。栃木県児童絵画コンクールの小学生の部で、7歳で金賞を取ったんです。先生がびっくりして、毎月のように、他県であろうが、海外であろうが、NHK展であろうが、どこからかコンクールの情報を持ってきて、私はずっと絵を描かされていました。中学生のころ、NHK展で2時からテレビに出るから帰れと言われたりしました。こんなことで、中学校

3年までやり尽くして、高校に行くと絵を描くのも嫌になりました。それで水泳部に入って泳いでいたんです。大学は理系に進んだのですが、3カ月で、やっぱり絵描きになりたいと。

それまでの研究で、次の時代のアートをつくる人は自殺か飢え死のパーセンテージが極めて高いことがわかりました。今、一世を風靡している曾我蕭白《そがしょうはく》とか伊藤若冲《じゃくちゅう》は、世に出たのは300年ぶりです。両方とも経済の裏打ちがあったので、そういうものがつくれたのです。大野一雄《おおのかずお》先生の友達で、私が知り合った東大の名誉教授辻惟雄《つじのぶお》先生が『奇想の系譜』という本にしたことによって世に出たわけですが、時代を先取りしたアートというものは、大体は世に出ないんです。

約500年前に、イタリアでルネサンスが起きました。それが皮切りになって、350年ほど後に産業革命につながりました。アングロサクソンが、ここ800年ほど白人文明を謳歌しているという現状です。でも、本格的に文明が発達したのは、どうもここ100年ぐらいのような気もします。

現代人は、実は200年ぐらい前の王様よりいい暮らしをしています。24時間体制で冷暖房完備の家に住めるし、遠くに行きたければ車や電車、海外に行くには飛行機に乗ればいい。一年中、四季を問わず、世界中の食べ物が食べられます。あらゆるものが合理化されて、ITとか人工知能を活用することで、人間が仕事をしなくても回る社会を目指しているのです。

しかし、よくよく考えると、それは全て肉体にとって都合のいい発展のような気がします。精神的には逆に後退しています。ショッピングにしても、一言も口をきかないで何でも買えます。

セブン-イレブンでnanacoカードを使うときに、「またお越しください」と言われて、「また来ます」と言っている人を見たことがないですよね。一言もしゃべらなくても、人とのつき合いがなくても暮らせるようになってしまったんです。でも、これが果たして本当の意味での発展なのでしょうか。

そこで、宇宙の歴史からひもといてみます。

白人は、基本的にオリオンとかプレアデスの異星人がつくった文化です。それに対して、日本人は、シリウスの星から来た異星人がつくった文化です。

日本人は世界に類を見ない特殊な遺伝子を持っています。それは、DNAの二重らせんに乗っている約600の塩基です。

1つのらせんにつき、約300です。私は、これは「333」ではないかと思っています。二重らせんだと、2倍の「666」になります。フリーメーソンの黙示録じゃないけれども、西洋人にとっては、「666」は悪魔の数字ということで嫌われています。

約20年前、ウイッテンという科学者によって、宇宙は11次元だということが突きとめられました。彼は30歳までの数学者に与えられるフィールズ賞はもらっていますが、ノーベル賞はもらっていません。ノーベル財団は彼の理論を理解できていないのです。でも、宇宙が11次元であることは、計算ではどうも間違いない。

東洋の日本には、「十一面観音」というように、11という秘数があります。11の出どころは、神学者も物理学者もたどり着いていません。

私は、子どものころからいろんな本を読んだり瞑想したりしてきました。

15年ぐらい前には、とことん追い詰めなければ命の原点を見られないと思い、朝5時から夕方まで家業のガス会社でボンベ配送をして、その後、テニスクラブで2レッスンほどボール出しをして、夜は11時からアート制作と、睡眠は3時間ぐらいでした。

そんな重労働を半年ぐらい続けていたときに、山にボンベを持っていって2度3度倒れた私は、3度目に倒れたときに「夕焼け」を見たのです。「あっ、これだ」と思いました。あの世がすぐそこにあった。ここで「会いたい人の命を呼び戻す」というアートにたどり着くのです。

そういうことからできたのが、画集『虚舟』です。15年前とか20年前には、誰も理解しませんでした。生きているうちは無理かなと思っていましたが、最近は時代が追いついてきて、私の話に興味のある方が出てきたようです。

私は物理学者の本を読んだり、対談もいろいろな人としてきました。私は、基本的にスペシャリストではなく、ジェネラリスト(雑学者)です。別に東大を出ているわけでもありません。

世界文化学会で画集を発表したのを皮切りに、7年前に岡本太郎美術館の生誕

100年の記念事業として、「芸術と科学の婚姻」、つまり、芸術と科学が結婚しなければ人類は滅びますよというテーマで展覧会をやりました。

神奈川県の教育委員会が非常に興味を示して、特別予算2000万円を出してくれました。岡本太郎美術館で700万円出したので、2700万円で生誕100年展をやったのです。

それを1分たりともNHKの「日曜美術館」では流さない。これは結局、GHQの情報操作です。

第2次世界大戦後、GHQは日本人洗脳委員会としての役割を果たしました。電通を使ったのも彼らです。日本人が目覚めないようにしているのです。

トップのほんのわずかな連中は、日本人の怖さを知っています。

私はアートを通して、韓国、アメリカ、ヨーロッパなど、各国のアートに関するトップ級の人たちと友達になりました。「日本人を本気で怒らせるな」というのが、彼らの合言葉です。1億人以上の単一民族が同じ言語を使う国家はほかにありません。その連帯感の強さを世界は恐れているのです。

日本人はおとなしい民族です。3・11で津波が来たときは、配給のお弁当やおにぎりをもらうために、30分でも1時間でも並んで待っている映像が世界に流れました。パリの桐島敬子《きりしまけいこ》さんが「篠崎さん、フランスのニュースで大変な騒ぎですよ。日本人という民族は何なんでしょうって。あれだけの災害が起きたら、西洋圏では暴動が起きますよ」と言っていました。

日本人は、劇場とかコンサートでも、30分でも1時間でも行列をつくってちゃんと並んでいます。海外はどんどん割り込みます。日本でそんな人がいたら、若い人は黙っているかもしれませんが、年配の人は「ダメだ」と注意するじゃないですか。日本人の意識は、海外の人とはまったく構造が違うのです。

私は、ただ単に都市伝説を発表したいのではありません。皆さんと共有したいのは、「日本人は選ばれた民だ」ということです。

世界を救える民族は日本人しかいません。その証拠もいろいろ出したいと思います。

今の電通は、韓国系のメディアからの影響が強いし、裏はCIAとかNSA、あとはモルモンも深くかかわっているし、キリスト教のにおいもあります。安倍首相も統一教会の加盟員のようです。統一教会ももちろんバックにキリスト教の流れがあります。

1年半くらい前に、東京のとある大きな組織に「篠﨑さん、アーティストとして、パネリストとして、うちの組織に無料で入ってくれないか。経費も出しますから」と、熱心に誘われました。入れば1〜2週間のうちに安倍首相に会わせると言うのです。でも、私はどうも気が進みませんでした。帰ってきて1週間ぐらいして関係者に聞くと、バックは統一教会だったのです。

日本の歴史の中で、白人、特にオリオンとプレアデスの連中は、繰り返し日本人を洗脳してキリスト教に改宗させようとしてきました。

日本の歴史は、シリウスとオリオンの戦いの歴史と考えてもいい。世界史もそうです。

そんなことを言う人はなかなかいないと思いますが、証拠は幾らでもあります。オリオンの人たちとは一体何者なのか。これをひもといていきたいと思います。

Part 2

日本人の潜在意識は
黄金のDNAの
２重らせんに333×２＝666
の塩基でできている⁉

カバラは古代日本人がつくっていた!?

137億年前、宇宙でビッグバンが起こりました。宇宙が爆発したわけです。ここまでは聞いたことがあると思います。科学者は今、ビッグバンの前はどうだったのかというところを一生懸命探っています。

「マルチバース理論」といって、宇宙は無限連鎖でいっぱいあるのではないかと、ビッグバンの前は1つのゆらぎで、カーテンのように次元のスカートがスッとさわったときにビッグバンが起きるんじゃないかとか、いろんな説がありますが、まだ確証はありません。

これからカバラと呉王朝の秘密について伝えたいと思います。

カバラは古代ユダヤ教でつくったというのが定説ですが、違います。古代日本人がつくったのです。ＹＡＰマイナスという遺伝子を持った日本の民族が世界の民族の頂点です。

カバラのゲマトリア数秘術では、加減乗除で数字を操作します。最大の欠点は虚数がないことです。「虚数」はちょっと難しい概念ですが、要するに、あの世の物質とか、この世にないものが、虚数項で計算すると見えるということで、学者が編み出してきたものです。

とりあえず、ゲマトリアでいろいろひもといてみたいと思います。

宇宙は１３７億年前にできました。「宇宙ができて１３７億年後に人類が覚醒する時期が来る」というのが宇宙の意識です。１３７億の1と3と7を足すと11になります。宇宙は11次元です。11という秘数を文化とか宗教に取り入れている民族は日本人しかいない。これは白人連中には届かない感覚です。あまり頭がいい連中ではありませんから。

ビッグバンが起きると、宇宙は背景放射とかフラクタル理論に基づいて膨張していきます。先ほどの「６６６」は日本人の二重らせんにかかわっています。東洋の秘数が西洋では悪魔の数字になる。つまり、西洋は東洋を否定しようとしているのです。

新約聖書からはオリオンが介入して改造されている

イエス・キリストが亡くなってから325年後の5月20日から6月19日、これをゲマトリア数秘術で計算すると、33という秘数につながります。これは11次元の宇宙掛ける3です。フリーメーソンの人たちは、秘数にこだわって恒久的な仕組みをつくろうとしました。

325年にキリスト教の歴史で最初の全教会規模のニカイア公会議が開かれて、イタリアのコンスタンティヌス大帝が枢機卿全てを集めて、旧約聖書の中から、マルコ、マタイ、ルカ、ヨハネの4つの福音書を、フリーメーソンの人たちにとって都合のいい形に改造したことが新約聖書につながりました。

旧約聖書及び古代ユダヤ教、ギリシャ神話、各国神話等は、全てシリウスの文明がつくったものですが、新約聖書からはオリオンの文明が改造して、自分たちに都合のいい宗教をつくったわけです。

ニカイア公会議が開かれて間もなくできたのがバチカン市国で、そのときにできたのがバチカン銀行です。

バチカン銀行はスイス銀行にもお金を貸しています。それから、歴史上の世界大戦及び昨今の北朝鮮の問題等にも、軍産複合体を利用して資金を出しています。フリーメーソン、イルミナティが大きなお金儲けができるときに、政府または世界の大きな陰謀的な出来事に出資するのがバチカン銀行です。

バチカン銀行のお金は、新約聖書で言うところの、人は罪を背負って生まれてくるけれども、大人になってから、その人の財産の中から可能な限りのお金を積んで免罪符をいただけば罪が消えるというキリスト教の裏の根幹の掟となっているわけですが、そうやって信者から集めたお金です。

十字軍の遠征、ケルト民族の弾圧等は全て、キリスト教の信仰を広め、人を罪から救う免罪符の普及によってバチカン銀行の予算を確保するのが基本的な目的です。

シリウスの民族に対してオリオンの民族はモノとカネにこだわる民族で、人間の本能に近いＤＮＡを持っています。

シリウス星人は大脳皮質（霊的、神に近い波動）、オリオン星人はジュラシック脳（本能）

人間の脳の中枢部を、爬虫類《はちゅうるい》脳、またはジュラシック脳と呼んでいます。なぜなら、ジュラ紀は恐竜が一番栄えた時期で、ジュラシックコードが人間に本能をもたらしているのです。光で言うならば、赤い波長になります。

大脳皮質は霊的な神に近い青い波動で、それが赤い波動を打ち消す。人間はそういう二重構造でできています。ジュラシック脳に近いのがオリオン星人、大脳皮質に近いのがシリウス星人と判断できます。

本来であればオリオン星人はアフリカだけを任されていたのに、掟を破ってユーラシア大陸に進出して、ローマ帝国を築き、ローマ帝国からイギリスのエリザベス王朝につながります。ここをつなぐのがオリエント急行の目的だったわけです。

ですから、イタリアがつくった世界最速のスポーツカーのフェラーリは赤ですし、ロンドンの2階建てバスも赤です。ロスチャイルド家の紋章も赤い盾です。やはりオリオンの人たちが好む色は赤になるのです。共産党の色が赤というのも、ここから来ています。オリオン系の色はジュラシック脳の赤い炎の色です。

それに対してシリウスの色は青です。ですから、日本人は藍色を好むのです。決して赤い色は好みません。2020年の東京オリンピックに向けて、新型のタクシーは色が全て藍色になります。

絶対3神と言われているのがシリウス、オリオン、プレアデスで、プレアデスはスバル星人(金星人)です。プレアデスは、あくまでシリウスの言うことを聞くスピリチュアルな民族です。プレアデスは、赤と青の中間の黄色を好みます。

フランスは精神性、美を重んじたので、レオナルド・ダ・ヴィンチがフランスに行って、芸術の都パリが生まれました。アメリカの独立戦争にはフランスのフリーメーソンが協力したので、ニューヨークはフランスの文化のシンメトリーでつくられています。ですから、ニューヨークのタクシーはイエローキャブです。そしてフランスの郵便ポストの色も黄色なのです。

プレアデスは、ＤＮＡ操作をして、さまざまな下僕の民族を世界中につくりました。ですから、中国人のエンペラーの色は黄色なのです。そしてさまざまな小動物と昆虫などもつくりました。ですから昆虫の血液の色もシリウスの青に黄色を混ぜた緑色をしているのです。これはプレアデスはシリウス寄りの民であることの証拠でもあるのです。

整理すると、オリオンが赤、シリウスが青、プレアデスが黄色です。これで世界がひもとけます。

２０１２年に、より波動がシリウスに集まりました。それにより、もともとケルトの国だったアイルランドを無理矢理イギリスにとどめておくことができなくなり、独立の危機に瀕してイギリスはＥＵから離脱しました。

死海文書に予言されているように、シリウス文明は日本人が世界を救済する民族だということを70〜80年前に知っていたので、それに向けてシリウスの攻撃から逃がれるために、約20年前からアメリカのフリーメーソンの拠点が中国に移って、地下深くに約5000キロにわたるUFO基地をつくりましたが、今ではそれが約9000キロまで延びています。しかし、彼らの野望は成就しません。

ルシファーがオリオン文明、ミカエルがシリウス文明をつくった

ミカエルとルシフェルはシリウス生まれの双子で、ルシフェルが兄、ミカエルが弟です。ルシフェルは天使長を務めていて、最も神に近い天使として神から祝福を受けて、通常の天使が6枚の羽根をつけるところを、唯一12枚の羽根を与えられていました。

それで、自分は神になれると過信して、全ての天使の3分の1の天使を集めて神に戦いを挑みました。このときに弟のミカエルは、ルシフェルに味方しませんでした。なぜなら、そのとき天使長の座が空席になったので、神はミカエルを天使長の座につけたからです。これはどういうことかというと、シリウスの子ども2人と父親の家族間紛争です。

そして、ミカエルとヤハウエが協力して、ルシフェルから神に準ずる者という意味のLを奪い取ってルシファーとして、堕天使として地上に落としました。

それと同時に、オーリーオーンという堕天使も地上に落とされたという話がギリシャ神話に書かれています。これはギリシャ神話はシリウスがつくったという決定的な証拠です。

オーリーオーンが堕天使となった理由は、奔放で自己中心的だったからです。オーリーオーンの霊体は、アリオンというオリオンの霊体です。地上に落とされたルシファーとオーリーオーンの2人の堕天使が協力して築き上げたのがオリオン文明です。

フリーメーソン、特にイルミナティがルシファーを尊重して神の扱いをしているのは、オリオン文明がルシファーのシリウス文明の協力なくしては発展することができなかった決定的な証拠です。

世界の国々をつくるときに、アフリカをオリオンの聖地、ユーラシアをシリウスの聖地、南米・北米をプレアデスの聖地として役割分担したにもかかわらず、オリオンは掟を破ってユーラシアに攻め入ってローマ帝国やイギリスのエリザベス王朝を築きました。

いずれにしても、ルシファーのシリウス文明の叡智《えいち》がなければオリオン文明の発展はなかった。これがシリウスとオリオンが複雑で微妙な体制になっている理由です。

オリオンは、最終的にシリウスには勝てないということは自覚しています。

その証拠として、エジプトのファラオのホルスの目は松果体の形をしています。

松果体は神と連結するための受信装置です。

シリウスの叡智でエジプトが生まれ、ファラオの子どものモーゼが、シリウスのユダヤ民族が、ギザの3大ピラミッドをつくりました。オリオンのモニュメントをシリウスがつくってくれたわけです。

ルシファーとオーリーオーンの堕天使2人が手を組んで独自に動き出してファラオに対して軍事クーデターを起こしたことにモーゼは嫌気が差して、スーパーゼネコン集団のユダヤの民を連れてエジプトを出ました。これが出エジプトの理由です(出エジプト記)。

ですから、紀元前2000年のアブラハムの文明まではシリウスの文明で、紀元前1000年のダビデ王のときからオリオン文明が入り込んだわけです。

アブラハムの子どものイサクの子どものヤコブがイスラエルの12支族につながっています。12支族、プラス、レビ族という別の部族が、ヤハウエの直系、さらに日本の裏の天皇につながる最高ランクのDNA、YAPマイナスです。

Aさんは、イスラエルの12支族はダビデのひこばえだと言っていますが、これは真っ赤なウソです。キリストに加担した第2王朝文明ですから、オリオンです。

天皇の即位式の大嘗祭《だいじょうさい》のときに天皇が白い装束に身を包んで、生まれ変わる儀式がありますが、これはキリストの復活の儀式だと彼は言っています。彼は熱狂的なモルモン教徒です。

表向きのフリーメーソン、イルミナティの歴史は、アトランティス文明から来るもので、オリオン系の文明です。しかし、フリーメーソン、イルミナティの本来のルーツはシリウスで、シリウス文明が母体になっています。

500年前にイタリアでルネサンスが生まれたときに、ミケランジェロ、ラファエロ、レオナルド・ダ・ヴィンチの3大巨人がメディチ家のてこ入れでルネサンスに協力しましたが、バチカンのシスティーナ礼拝堂のアートを含めて、レオナルド・ダ・ヴィンチのみが排除されました。その理由として『ダ・ヴィンチ・コード』でダン・ブラウンが語っているイルミナティの見解は真っ赤なウソであり、レオナルド・ダ・ヴィンチはイルミナティの総長を裏で務めていたとの見解をうやむやにしています。本来精神性を重んじるイルミナティの本質をあいまいにしてシリウスの叡智を隠そうとしています。

今、イルミナティは陰謀論者から悪の根源のように言われていますが、イルミナティの原型はグノーシス派です。古代ユダヤ教はシリウスの教えなので、キリストはオリオンではなくてシリウスです。ニカイア公会議の後にグノーシス派が弾圧されて、ことごとく惨殺されて消えたように見えましたが、実は裏に入ったのです。そして、表のイルミナティをオリオンが乗っ取ったのですが、裏のシリウスのイルミナティは綿々と残った。この流れをくんだのがレオナルド・ダ・ヴィンチです。

ダ・ヴィンチは、不思議なことを言い残しています。「私はメディチ家によって救われたけれども、最後はメディチ家によって台なしにされた」と。メディチ家はイタリアの銀行王です。この流れがロスチャイルドにつながったと私は判断します。

そのときにフランスのフランソワ一世がダ・ヴィンチに、「私の国に来なさい。そして芸術の発展に協力してほしい」と声をかけます。ダ・ヴィンチはフランソワ一世のフォンテーヌブロー城に招聘《しょうへい》されて、フォンテーヌブロー派の発展に寄与しました。

フォンテーヌブロー派は、女性のヌードを初めて神のごとく扱った派です。フォンテーヌブロー派の不思議なところは、作者の名前を出さないのです。詠み人知らずです。

フォンテーヌブロー派の発展の延長線上に、ルーブル美術館の建立があります。だから、ダ・ヴィンチのモナリザは、いまだにルーブルにあるのです。

イタリア政府が、歴史上何回にもわたってイタリアの作家の作品はイタリアに返してほしいと訴訟も起こしましたが、フランス政府はまったく応じませんでした。なぜなら、裏のイルミナティはシリウスが守っているからです。シリウスの下うけを任ってプレアデスがつくったのがフランスです。マグダラのマリアのものと言われる聖遺骨がフランスにあるのも、同じ理由です。

アメリカを発見したのはコロンブスだと言われていますが、スペインのイザベラ女王が黄金の国ジパングについて書かれたマルコ・ポーロの文献を読んで、日本を発見してほしいということでパトロンになってお金を出したのです。それに目をつけてイギリスのフリーメーソンが乗り込んで、一気に牛耳《ぎゅうじ》ったのです。

しかし、フランスのフリーメーソンはイギリスの紅茶の関税を高額になるように仕組んで、それがアメリカ独立戦争の引き金になりました。我が国は紅茶は飲まない、コーヒーを飲むというのも、フランスのフリーメーンが仕掛けたものです。それでアメリカをうまく独立させて、アメリカをフランスのフリーメーソンのシンボルとして治めようとしてつくったのがニューヨークです。ニューヨーク市は、フランスのベルサイユ宮殿と同じ左右対称構造のシンメトリーでつくられています。

それでイギリスのフリーメーソンはボストンに追いやられました。それではおもしろくないということで、イギリスのフリーメーソンがニューヨークに対抗してハーバード大学を中心にしてつくった町がケンブリッジです。ケンブリッジの要職にある方は、みんなハーバードを出ています。

イギリスのオリオンの文明は、コカインなどの麻薬、宝石です。麻薬の本拠地はオランダで、東インド会社の本社がオランダにあります。ダミーの国でつくっている。それで、ベルギーダイヤモンドに代表されるように、ベルギーで全ての貴金属を押え込む。

カネとモノの文明を築いたけれども、もう限界が来ている、おまえたちの時代は終わったということで、十数年前からベルギー上空にシリウス系のUFOがスクランブルであらわれています。

TR－3BというアメリカのUFO戦闘機、ナチスドイツのハウニブ1号、2

号、3号のUFOは、全てオリオンの技術でつくったものです。しかし、シリウスのUFOには太刀打ちできません。ワープ速度を含めて性能が違う。

2011年に日本を滅ぼすために起こした3・11の地震と津波、それから西日本豪雨も、地震・気象兵器のHAARPでつくった現象です。自然現象であんなことは起こり得ない。

あの手この手で何とか日本を滅ぼそうとしていますが、その予兆を察知して、「おまえたちエセメーソンの時代は終わった。ホンモノのシリウスのメーソンがこれから世界を牛耳る」というメッセージのために、ネバダ上空に2つのUFOがあらわれました。これがフェニックスライト事件です。この2機の大型UFOの形を合わせるとメーソンの形になるのです。

そのときTR―3Bがスクランブル発進をかけましたが、まったく歯が立たない。これは大変なことになるということで中国につくったのが、5000キロにわたる地下UFO基地で、今は9000キロまで延びています。

おそらくこの辺が、軍産複合体、トランプ、金正恩、プーチン、バチカンの最後のあがきではないかと予想しています。

2012年はアングロサクソン（イギリス、白人）の文明が終わった年になった！

地球は46億年前に生まれたというのが定説です。30億年前に初めて「ウル」という大陸ができました。ウルは小さかったらしいのですが、25億年ぐらい前に、本格的な大陸として2番目のウルができました。これは古い大陸です。

オーストラリアに、アボリジニの聖地で「ウルル」という場所があります。あの岩は世界で2番目に大きい一枚岩だと言われますが、私は一番大きいと思います。地下に埋まっている部分は、はかれないのです。ウルルはウルから来ています。

西洋人がウルルの秘密を消そうとして、ウルルに「エアーズロック」という名前をつけました。現在では、「エアーズロック」という名前が消されて、正式に

「ウルル」という名前になっています。アボリジニに返還されています。それだけではありません。2019年の10月から、ウルルは登山禁止、出入り禁止になります。一切、人を入れない。見世物ではないということです。

文明は805・5年周期で入れかわっています。アングロサクソン文明は2012年に終わりました。

2012年世紀末説を皆さんもご存じでしょう。マヤ暦の石板の人類の歴史が2012年で終わっていて、そこで世界が終わるのではないかと言われていました。

私は「物質文明から精神文明へ」というアートをやってきたので、メーソンとかイルミナティに目をつけられて暗殺されることは予想がついていました。それで、いろんな秘密結社とかに入って研究してきたのです。

自分の身を守るというより、おもしろくて研究したんです。Nさんの結社にも5年ぐらい特別会員になって、一緒に旅行したり、夜、幹部に酒を飲ませて秘密を引き出したりしました。メシになると、Nさんはすぐ私の隣に来ます。私から潜在意識の話を聞きたいからです。Aさん、Bさん、Yさんもいます。YさんはUFOの研究家でしたが、ここのところジャンルを変えて日月神示を出したことで有名です。彼はオリオン側と結託しています。2〜3年前に亡くなったFさんもそうです。

みんなこぞって「2012年に世界が滅びる」という本を書いていました。

竹内文書はご存じですね。菊花十六紋の16という数字があります。

竹内文書には、15人の王子と1人の王女が天の浮き船に乗って世界に文明を広めたと書いてあります。「天の浮舟」はUFOのことです。

竹内文書は数百年前の武内宿禰《すくね》の著作で、陰謀論者の原点のようにされていますが、どうもそうでもない。「2012年に地球は滅びる」と言っていた連中は、2012年に何もなかったから、シュンとしちゃっています。それはないだろう。本をいっぱい売って、講演会をやって、「滅びる、滅びる」と言っていたのに、滅びなかった理由を何も言っていません。

違うんです。ここには1つの法則がありました。「ガイアの法則」です。

136億年前に宇宙ができて、46億年前に地球ができた。そして、第1のウル、第2のウルができた。5億年周期で、大陸はまとまって分かれて、まとまって分かれてを繰り返しています。

50年ほど前に「プレートテクトニクス理論」ができて、マントルの対流で地球のプレートが動いていたという説が最近まで主流でした。でも、ここ3～4年はそうではなくなってきた。その理論では、どうもつじつまが合わない。マントルの対流で大きな大陸が分かれていくのはその理論で計算できますが、分かれていた大陸が1点に集まるというのは理屈が通らない。

ガイア（地球）は生命体です。月も生命体です。地球は、ウルから始まって、幾つも大陸ができました。ゴンドワナ大陸、パンゲア、そしてスンダランド。スンダランドがムー大陸ではないかという説もありますけど、どうかわかりません。

ゴンドワナ以前と以後の大陸で1つ違うところがあります。それは名前に「ン」が入っているかどうかです。日本語は、「あ行」が母音、「い行」が父音、「う行」以下が子音です。唯一、母と父と子どもの音が入っている言語です。

連音の中で、口を閉じたまま言えるのは「ン」しかない。「ン」は神の領域です。それが日本語の言霊の解釈です。

西洋人とか中国人もまねして、「アーメン」とか「ラーメン」とか言っています。神社の狛犬《こまいぬ》は、右は口が開いて、左は口を閉じている。「阿吽《あうん》」の呼吸です。

そう考えると、ゴンドワナのあたりから神の関与が始まったのではないか。ここでいう神は、私はシリウスだと思っています。

地球が46億年前にできたときに、地球と月と太陽の3つを神がセッティングしたということが計算上出てきました。

まず、月の直径の400倍が太陽の直径です。そして、地球から月の距離の400倍のところに太陽がある。ここまでは偶然かもしれない。

日食のときに太陽に月がぴったりとはまるのは、直径が400分の1で距離が400倍だからです。偶然にしても宇宙的な確率だと思います。しかも、その先があります。

物理学者が考えたのは、太陽の中に地球を横に並べていくと109・2個入ります。私は108の煩悩はここが発祥ではないかと踏んでいます。さらに、月の円周は109・2キロメートルです。さらに時速400キロメートルの速さで自転している。こうなってくると偶然を超えるでしょう。

太陽系は銀河系の3分の1ぐらいのテリトリーにあります。太陽系は2億3000万年ぐらいかけて銀河系の周りを回っています。これはほかではなかなか出てこないことなので、メモしてくださいね。そうすると、「生命の揺りかご」の星として地球をつくったという理論が成り立つんです。

そんなことはないだろうと思いますか。では、皆さんも一緒に情報を共有して考えていきましょう。

スマホで「太陽の表面温度の謎」とかなんとかで検索すれば出てきます。NASAは突きとめていて、おそらく24度ぐらいです。太陽はガス球ではないですからね。地殻があって、山も川もある。熱くないので生命も生きられます。

信用できないならば、電磁調理器を考えてみてください。電磁調理器の仕組みは、電磁波とか素粒子の理論で説明できます。電磁調理器は鉄の鍋でなければ熱くなりません。アルミとかでは手を乗せてもやけどしないでしょう。そういうことです。ヘルツが合わなければ、熱は発生しないのです。

日本はアマテラスという太陽神を祀っている唯一の民族です。シリウスにはAとBがあって、日本人はシリウスAとBから来た民族です。

シリウスは銀河系で一番明るい星です。「シリウス文明と日本人」で検索すると、いろいろ出てきます。

シリウスAは太陽の3倍くらいの大きさで、シリウスBは地球の2倍から3倍の大きさです。シリウスAとBは質量が同じで、シリウスBの質量密度は地球の約1万倍です。

物質をどこまでも高温高圧で凝縮していくと、金《きん》になります。金は普通の現象ではできない物質です。DNAをこういう状況に持ってくると、極めて特殊なDNA、黄金のDNAに進化します。それがYAPマイナスという遺伝子です。

これは二重らせんのDNAの1つに333の塩基がのっていると私は見ています。2つ合わせると666です。これが日本人の潜在意識です。

三角星座と日本龍体星座

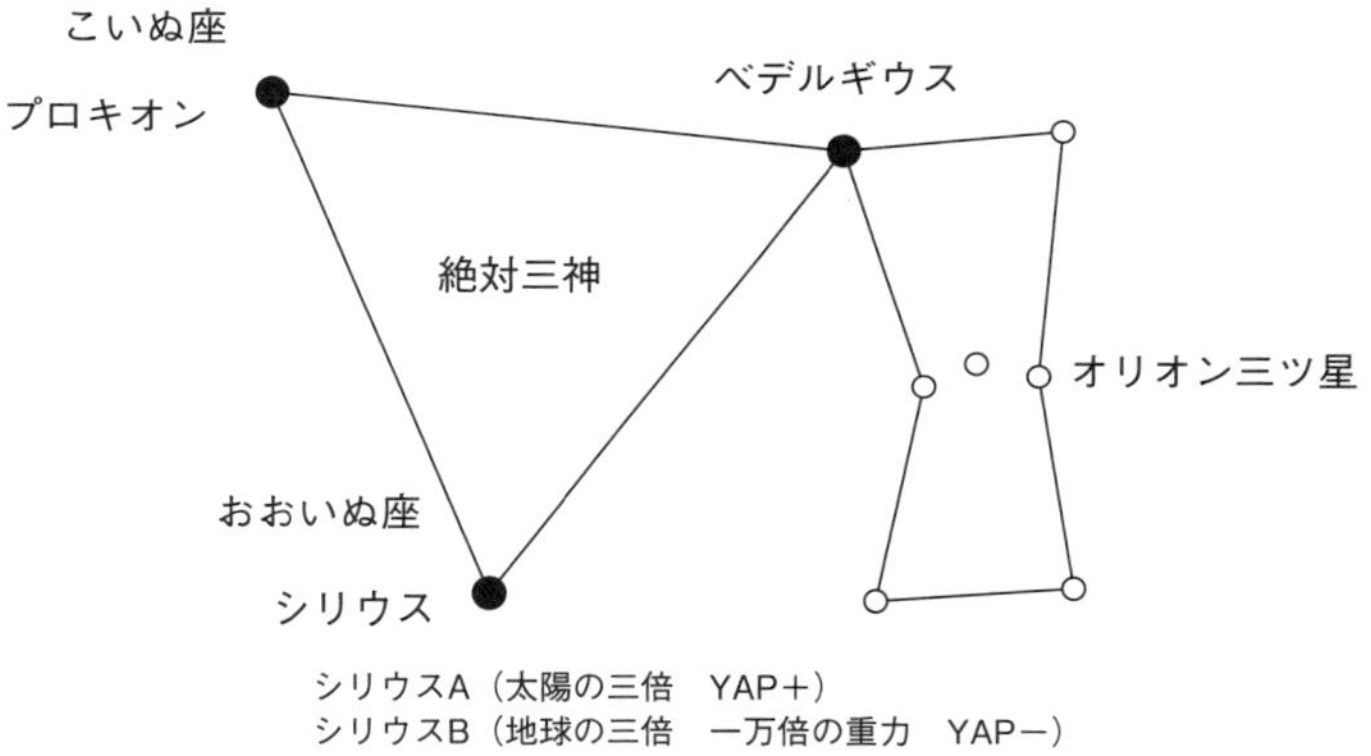

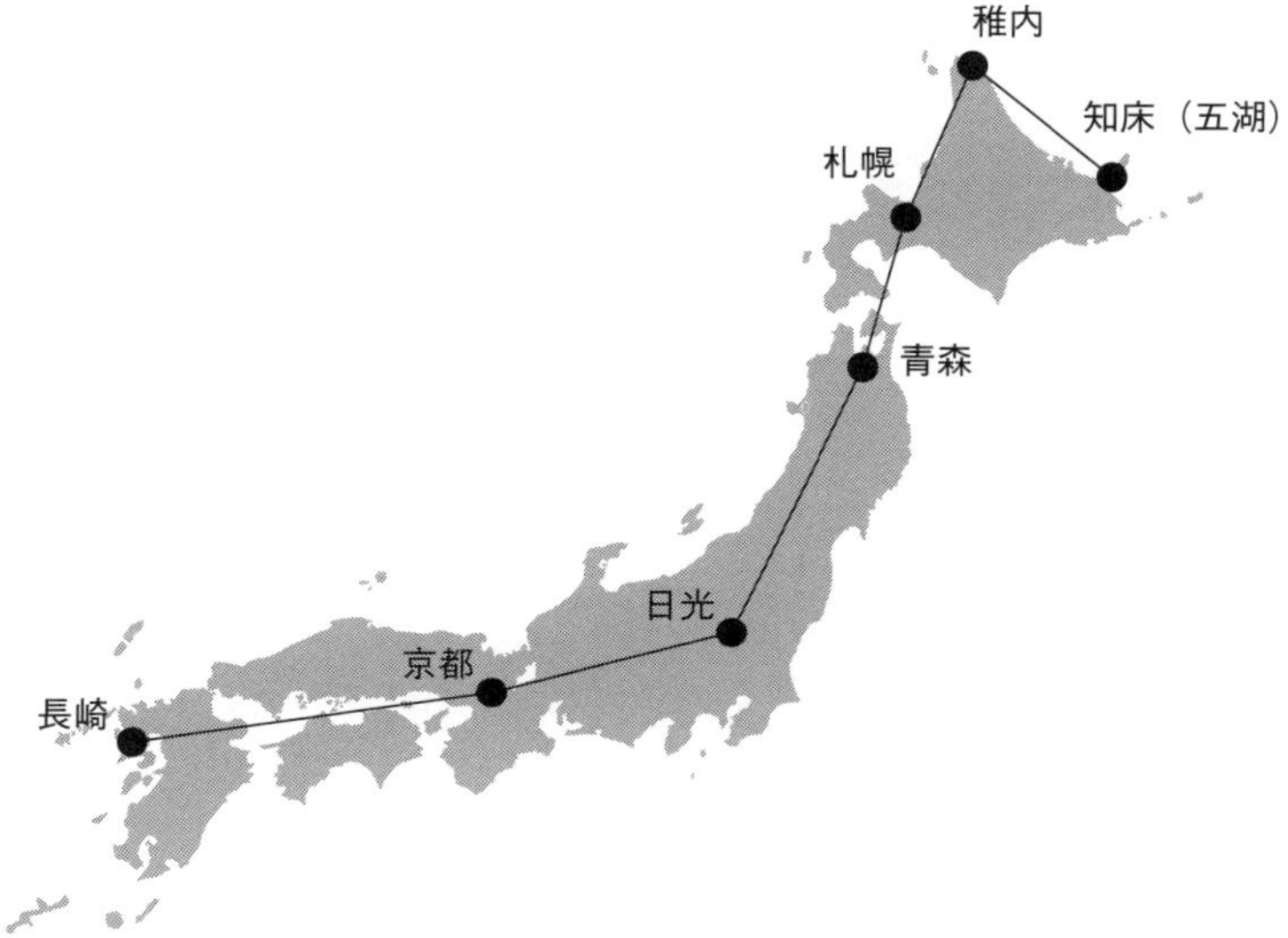

頭の中枢に「松果体」という器官があります。

日本人は、植木でも松を極めて大事にします。玄関の「松の門かぶり」は一番縁起がいいとされています。あれははさみでチョキチョキ剪定《せんてい》できないので、子どもが1人いるぐらい手間がかかるのです。

松果体は、目玉みたいな形で、ひもが伸びています。これが潜在意識のアンテナで、宇宙からの信号の受信装置です。直感とかひらめきもつかさどっています。

宇宙にはアカシックレコードという膨大なデータベースがあることがわかってきました。アカシックレコードは聞いたことがありますね。

直感の仕事をしている人は、瞑想をして、そこからエネルギーとデータベースを得ています。私は亡くなった人の命を呼び戻します。

岡本太郎さんのときも、奥様の敏子さんに「太郎さんに会えますからね」と約束して、いろいろなデータを見せてもらいました。太郎さんが行ったところに行ったりして、3カ月ぐらい瞑想しました。

あと2~3日でイメージの画面が出てくることが何となくわかってくると、私

岡本太郎の魂を呼び戻して著者が作成したもの

は夜7時前に寝てしまいます。そうすると、3時ごろに起きます。3時とか4時に、画面と色とつくり方と、どこにどういうものができるのかというのが、全部パッと出るんです。

慌てて電気をつけて、枕元に用意しておいた紙にトレースしたものが、岡本太郎の絵です。十一面観音と千手観音で、月と太陽でリンクしている。左右対称で真ん中のところが子宮で一緒になる。全てのデータが出てくるのです。私は「夕焼け」を見てから松果体が変わってしまってしまったのではないかと自分では思っています。

松果体が一番発達している人種が日本人です。申しわけないですが、ヨーロッパの人とはできが違うのです。

ヨーロッパの人と話をするときは、甘えて好き勝手なことを言ったり、好き勝手なことをお膳立てしたら、大変なトラブルになります。弁護士を呼んで裁判になるんです。やつらは、愛情表現でハグしてチューして握手しないとわかりません。

日本人は、立っていて、パッと顔を見ただけで、この人とこの人が仲がいいかどうかは、阿吽の呼吸ですぐわかる。こういう民族は日本人しかいません。DNAとか松果体が違うのです。オリオンの連中も、日本人のことは大変尊敬しています。

Part 3

ガイアの法則で
2012年より日本が再び
世界の盟主に
返り咲いている

世界の王族が日本人にルーツがあることを絶対に認めたくない!!

ギザの三大ピラミッドはオリオンの三ツ星の配置でつくられています。

「我々はオリオンから来た」という神殿を残したのです。

我々シリウスAの人たちは、近くの竜座の人にDNAを移植して、竜座の連中と一緒にやって来ました。彼らがつくったのがアンコールワットです。

アンコールワットは、遺跡のお寺がいっぱいつながって竜座の形をしています。

東洋の人たちは竜座・シリウスから来て、西洋の人たちはオリオンから来たというモニュメントになっているのです。

実は、夜の星座と合わせると、ピラミッドと竜座の位置はかなりずれています。

なぜずれているか。地球は14度ぐらい傾いて太陽の周りを回っています。それで春夏秋冬が生まれるわけです。こまを回すと芯棒がグルグル回りながらブレが生じます。これを「歳差運動」といいます。

歳差運動の1回の周期が2万6000年で、これが銀河系を1周するのに2億2600万年かかるということが計算で出てきました。

ゼカリア・シッチンとかその辺の人がピラミッドのミステリーとかいろいろ本を出していますけど、スーパーコンピューターができたことによって、ピラミッドの位置とアンコールワットの竜座の位置は1万2000年前にはぴったり夜空に一致することがわかったのです。つまり、1万2000年前につくられたものということになります。

そのとき何があったか。「ノアの洪水」です。

現代のアカデミズムは、ノアの洪水をなんとしても認めようとしません。ノアの洪水なんてない、ピラミッドは4500年前にできたと言っています。

でも、ほかのピラミッドにはいろいろな彫り物があるのに、三大ピラミッドには彫り物はありません。クフ王といっても、盗掘の人間が入って、壁に「クフ」

とか何とか書いたからクフ王じゃないかという説で、何の証拠もないのです。アンコールワットに王様が住んでいたと言っても、アンコールワットに移り住んだ者が勝手に自分の居住としただけであって、どうも様子がおかしい。

ピラミッドは、中に入ると幾らか湾曲して、石が閉まるように設計されています。それが、かみそりの刃1枚通らないのです。

インカの石の回廊で石が組み合わさっているところも、かみそり1枚入りません。とてもじゃないけど先住民につくれた代物ではないのです。

結論から言います。

あれはレーザーカッターでつくられています。A－1、A－2、A－3などと座標を振っておいて、どこの石がどこにあるというのは全部プログラムされています。それを重力・反重力の装置でパパパパッと組み込んで、幾日もなくつくったというのが本当です。

20～30年前に、大林組かどこかがナイル川でクフ王のピラミッドと同規模のピラミッドを重機をはじめとする現代技術を用いてつくる計画を策定したのですが、もし実行したとしても成功しなかったでしょう。とてもじゃないですが、あんなものはつくれないんです。

では、異星人がいたのか。UFOなんて言っても、みんな信用しません。でも、今はインターネットの時代で、証拠はいっぱい出てきています。

その話をする前に、先ほどの2万6000年を割る16割る2で計算すると、812・5になります。実は、812・5ではなく、正しくは805・5です。805・5掛ける16掛ける2で計算すると、2万5700になります。それが正確な数字です。それを「約2万6000年」と言っているだけです。ここまではわかっています。

問題は、日本の天皇の十六菊花紋の秘数がここから来ているということです。これは誰も言っていません。私が言っていることが正しいかどうかは、皆さんの判断にお任せします。私が言っていることの3分の1ぐらいはネットにも出てこないことです。世界で誰も言わないことでも、そうとしか思えないので言っているのです。

15人の王子と1人の王女で、16という数字が出てきます。シュメールの遺跡とかインダスの遺跡の門や宮殿には十六菊花紋があちこちに彫られています。これが日本の16人の王子・王女が文化を広めた証拠です。

シュメールのイシュタールの門にも十六菊花紋が彫られています。世界の王族が日本人だということを、西洋の連中は認めようとしないのです。

ノアの洪水の後、805・5年周期で文明が入れかわり立ちかわりしてきました。地球は歳差運動で位置が変わります。丑三つ時に銀河のどこかの位置のエネルギーを受けることによって、ここの地域の人が覚醒しちゃうんです。それで日本人は世界一エネルギッシュで感覚が鋭くなって文明が発達したのです。これが真実です。

私は、駄じゃれっぽく、おやじギャグでガイアの法則の覚え方を考えました。非常に覚えやすいので、参考になればと思います。

これがガイアの法則です。千賀一生さんは高齢になったので、これを発表してももういいでしょう。暗殺されてもかまわないから。戸締まりをよくして生活しないと空き巣とか強盗にやられますよというイメージで、「よく閉めて鍵をかけてドアを閉めてください」と覚えてください。そうすればガイアの法則を覚えます。

東洋で、まずシュメール文明があって、ノアの洪水が起きた。シ、イ。これがマイナスという感じです。インダス文明は西洋で栄えました。シ、イ、イ。メソポタミア、ガンジス、ギリシャ、唐とアングロサクソン。シュメールから始まって、文明は西洋と東洋で交互に入れかわっています。この間が805・5年周期です。白人のアングロサクソン文明は約800年間栄えました。世界の金融機関の王族のロスチャイルドもロンドンです。それから、東インド会社——。

『パイレーツ・オブ・カリビアン』のジョニー・デップはハリウッドの近くビバリーヒルズに家があります。私は横を通ったことがあります。

『パイレーツ・オブ・カリビアン』の映画を見たことがありますか。あれはコショウの運搬船ではありません。コショウが金より高いはずはありません。コショウの苗をスペインに持っていけば幾らでも栽培できます。そんなものに、あんな

閉いいめ鍵ドア（シイイメガギドア）のイメージ

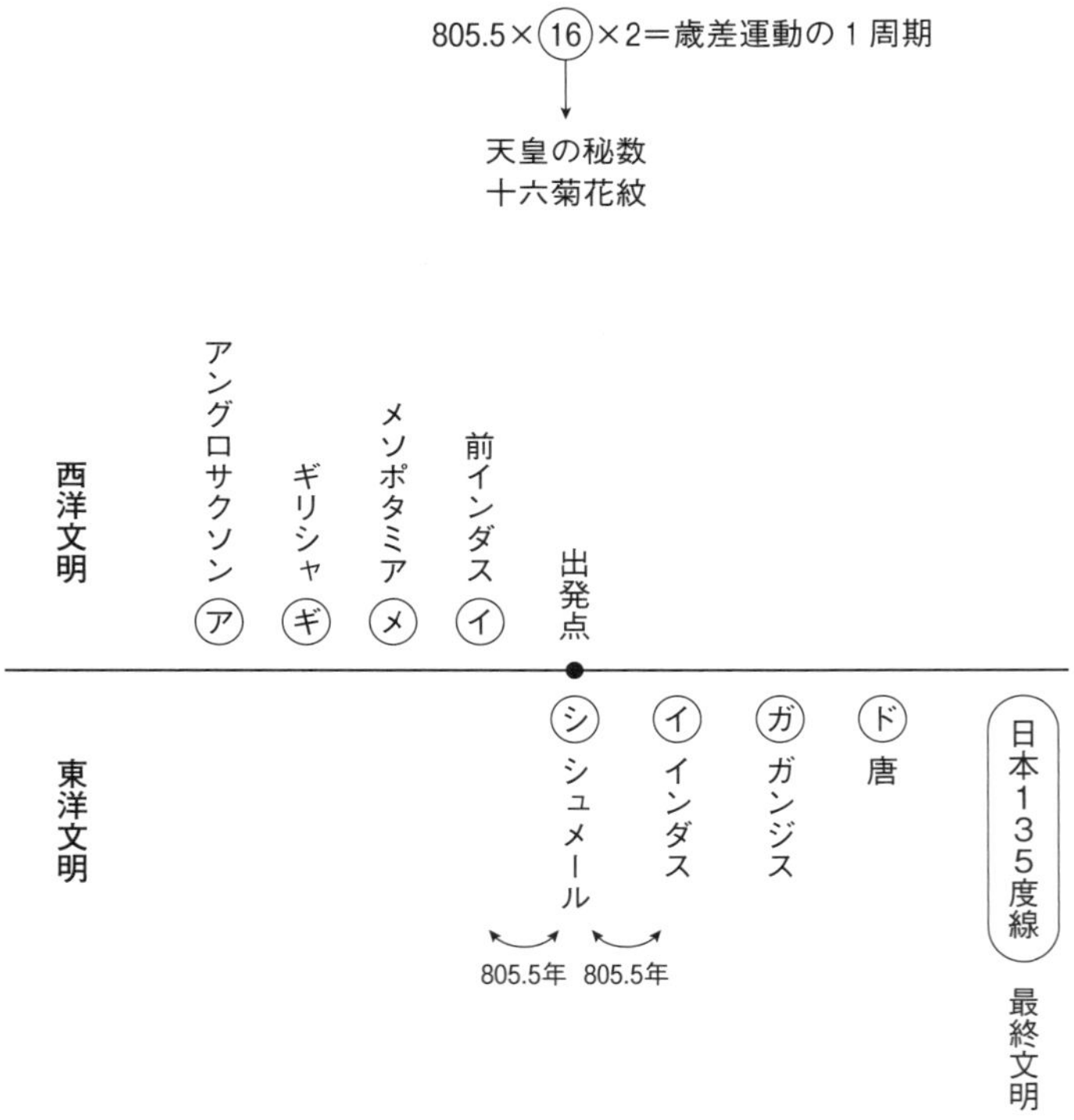

に大騒ぎはしません。

本当はコカインの運搬船だったのです。イギリスはアヘン戦争で一度は失敗しましたが、次に中国の高官に賄賂をやってうまくいきました。その後、日本も侵略しようとしたのですが、日本人は意識が高すぎてアヘン戦争みたいなものには乗らなかった。日本は世界で一番、麻薬取引が難しい国です。

東インド会社の本社はオランダにあります。オランダはエリザベスが麻薬関係でダミーとしてつくった国です。全部イギリスに集めると風当たりが強いからです。先述のとおり、「ベルギーダイヤモンド」というように、貴金属関係はベルギーが牛耳っています。ベルギーとオランダの利権は全部イギリスが管理しています。だから、ベルギーの空軍はヨーロッパで一番強いのです。

十数年ほど前から、ベルギー上空にUFOがあらわれるようになりました。ヨーロッパで一番強いはずのベルギーの空軍がスクランブルをかけても、まったく歯が立たない。これは、シリウスの連中が「いいかげん悪さはよせ」と警告しているのです。ガイアの法則の計算では、アングロサクソン文明が終わったのが2

012年です。世界が滅びる日ではなく、白人のイギリスの物質文明が終わった日なんです。

この前、『オリエント急行殺人事件』を見てきました。画商がいろんな人をだまして財産を奪い取ってしまう。あれがいまだに不朽の名作です。オリエント急行は、今はイスタンブールとかまで延びてパリも経由するようになりましたが、当時はロンドンからベネチアまでで、イタリアのメーソンとイギリスのメーソンの王族の列車だったのです。

まったくふざけた話です。麻薬、ダイヤモンド、株の操作……ありとあらゆることを連中がやっている。

私は「とある秘密結社」に入っているときに、ロスチャイルドが幾ら持っているかを探りました。1京5000兆円です。日本の国家予算の150年から200年分です。それで大金持ちだと威張っているわけです。

ところがぎっちょん、裏の天皇のヤタガラスが持っている資産をある人に探ったところ、「場所はちょっと言えないね。言うと篠﨑さんは暗殺されるよ」と言われましたが、わかっているだけで約8京円持っているんです。裏マネーまで入れると、おそらく20京～30京円分の金を日本が持っています。これがマルコ・ポーロの「黄金の国ジパング」の根拠です。

日本人は世界の選ばれた民なので、世界の金を独占しています。

ただし、これは後で話しますが、アヌンナキのプレアデスの連中が金をどんどん奪い取ってしまったのです。インカとかテオティワカン、マヤ、マチュピチュもそうです。700～800年間、金を採掘して、もう取れなくなったら、パッと帰ってしまう。それで文明がパッと滅んでしまうのです。どうも連中の母星の環境破壊が進んで、成層圏に薄さミクロン単位の金のシールドでおおわなければ生きられなくなってしまった。

そういうことで、2012年以降の中心はどこになるか。東洋の日本です。135度線の淡路、明石ラインを中心にプラス5度のところが京都です。

この辺が世界の文明の中心になりました。でも実は、京都ではなく、日光、宇都宮が世界の中心です。そこをひもときます。信じられないでしょう。

福島は重要な地です。五色沼の秘密はどう思いますか。歩いて1時間10分〜1時間30分ぐらいで五色沼を通過できます。あれだけ歩くたびにまったく別の色になる湖は、ほかにないです。

本当の神殿は宇都宮にあって、神のエリアが日光!?

日本列島は龍の形をしています。世界の大陸のひな形です。これはご存じですね。

北海道が北アメリカ、本州がユーラシア大陸を引き伸ばしたもの、九州がアフリカと南アメリカ、九州の阿蘇山がキリマンジャロ、四国がオーストラリア、淡路島がニュージーランドです。

そうすると、京都近辺がガイアの法則で中心になるようにしている。これは表の中心です。フォッサマグナという活断層が折れ曲がっています。鏡映しにすると、京都が宇都宮に連結します。京都の裏の比叡山が日光です。そして、大阪・堺の商人地区が東京です。

著者がイメージで描いた日本

名前としては、東京は「東の京都」ということでつくったはずです。陰謀論者も東京が世界の中心ではないかと言っていますが、そういうのにだまされないでくださいね。東京は経済の中心なだけです。神殿は宇都宮にあって、神のエリアが日光です。あの世の世界、高天原《たかまがはら》は、ここ全部です。日本の地形の中で、唯一、栃木県だけが心臓の形をしています。龍の心臓です。

福島の方は喜んでください。心臓の横にある細長い部分が肺になります。福島と群馬が呼吸しているんです。ここが中心になってきます。世界の中心ではなく、宇宙の中心です。

宇都宮は「宇宙の宮」です。幸福の科学の人もそう言っているそうです。幸福の科学は、理論上いろいろ研究をしています。

この話をひもといて、なぜ宇都宮が世界の中心、宇宙の中心なのかは、後ほどお話しします。栃木県の方は世界を救える民族のリーダー格のエリアに住んでいるのですから、おちおちしていられませんよ。

今からそれを証明していきます。カルト的な話で、「そんな気がする」では通用しません。納得できないじゃないですか。そういう話は幾らでもありますからね。

夢に見て全てわかったんです。先ほどオリオン座と竜座が1万2000年前にできたというお話をしました。ノアの洪水があって、その前の1万5000年前にはムー大陸とアトランティス大陸があった。

アトランティスの連中はオリオンとプレアデスで、物質文明でモノとカネで人間は幸せになれるという連中です。東洋のムーの連中は、モノとカネではなく、心を重要視しています。

「心」という漢字は不思議ですよね。点が3つあって、線が伸びてきている。これはシリウスからやってきたことを意味しています。

先ほど少しふれた「ヤタガラス」という存在をご存じですか。日本サッカー協会のマークにもなっています。

3本足の黒いカラスで、伊勢神宮の主神です。伊勢神宮の内宮の主神はアマテラス、外宮の主神が豊受神《とようけのかみ》です。

奈良で纏向《まきむく》遺跡が発見されて、何千個という桃の種が出てきました。卑弥呼は、北九州説、畿内説でいろいろもめてきましたが、畿内が正しいです。北九州の奥のほうにある豊受神の神社は、一時的につくったものにすぎません。

卑弥呼は桃でヒーリングをしていた⁉

豊受神の「トヨ」は、卑弥呼の一番皇女です。

トヨが守っているのだから、アマテラスは卑弥呼ということになります。

卑弥呼については、魏志倭人伝で「大和（ヤマトゥ）という国があって、そこに卑弥呼という者がいる」と書いてある。ただそれだけのことです。本当にいたかどうかもクエスチョンだったのですが、桃がたくさん出てきたことによって、卑弥呼の実在が明らかになってきました。

桃は、「桃源郷」とか「桃から生まれた桃太郎」とか、普通の果物とは何かが違う。桃の香り成分はクマリンです。くまモンじゃないからね（笑）。桃にはクマリンという特殊な成分があるのです。ストレスとか心を癒やせる物質です。

クマリンのにおいをかぐと、トランス状態になります。纏向で桃をいっぱいにしたのが卑弥呼です。

弥生時代になると、日本各地の頭領たちは、大陸の影響を受けて男性を王様にしました。男というのは、すぐ争います。領土争いとか、奪い取る精神ですから。女性は分け与える精神です。

男の王様ではどうにも混乱がおさまらなくて、卑弥呼を立てたのです。卑弥呼は、部族の人たちを集めて、桃の香りをかがせて、桃を食べさせて、夜になると、松明《たいまつ》をたいて輪になって踊りました。

そのヒーリング効果で争いはおさまりました。彼女はシャーマンでもあります。桃にはそういう特殊な成分があるのです。

日本人を倒さないと物質文明が終わってしまう⁉
死海文書でわかった日本人の秘密

「八咫烏《やたがらす》」の「咫」という字をいじって、目玉があるようにすると、「咒」です。そうすると、松果体の形になります。

オリオンの連中もヤタガラスを尊敬していて、一番に置いています。これがホルスの目です。ウィキペディアによれば、「古代エジプトでは非常に古くから、太陽と月は、ハヤブサの姿あるいは頭部を持つ天空神ホルスの両目だと考えられてきた。やがて2つの目は区別され、左目は月の象徴、右目は太陽の象徴とされた」とあります。

ホルス神はオリオンの連中がつくったピラミッドの最高神で、それを頭の上に乗せています。これは「どこまで行っても、松果体の民族に我々は勝てません」

著者

ホルスの目

ということを意味しています。その民族が日本人です。ちゃんと認めているのです。

イスラエルの横に「死海」という細長い湖があります。塩分が海の10倍ぐらいあって、人間がプカプカ浮いて新聞を読むこともできます。

70〜80年前に、死海の横の洞窟の何百メートルも奥で死海文書が発見されました。かめがいっぱいあって、コールタールで10センチぐらい封印されています。あれはヘブライ語で書かれていて、それが解読されたのです。

その中に恐るべき内容があります。日本人の秘密が書いてあったのです。

将来、人類は発展を遂げても、必ず滅びる危機を迎える。そうなったら、東の海を隔てた日の出ずる国の民が海を渡って救済の民族として訪れるだろうと、幾つかに書いてあります。

死海文書の抜粋が13巻の旧約聖書です。

旧約聖書のうち、マルコ、マタイ、ルカ、ヨハネの4巻をチョイスしたものが新約聖書です。

ユダヤ教もキリスト教もイスラム教も古代旧約聖書も、みんなアブラハムを最も偉大な預言者とあがめています。本当は仲がよくてもいいはずなのに、戦争が絶えません。

それ以前の死海文書には、日本人を頂点として書いてあります。これにはやつらも参ってしまったわけです。日本人を倒さないと物質文明が終わってしまう。20年ぐらい前から、フリーエネルギーなんかも開発されてきています。これはUFOの理論です。

物質文明では、油を売ってカネ儲けをします。家も50～60年で建てかえるように仕組んでいます。車も100年ぐらい十分走れる車をつくれるのに、つくらない。いろんなものをどんどんサイクルして、プラスチックの使い捨ての文明にしたのです。その利権は、みんなやつらのところに行ってしまいます。

結局、環境破壊は止まらないし、貧富の格差は拡大します。ここで日本人が出てこなければ、世界は統治できないのです。

イスラム圏、キリスト圏、ユダヤ圏の人たちでは到底できません。聖地エルサレムで、けんかの構図ができていますからね。

日本人だけが、唯一、八百万《やおよろず》の神を持っています。便所にも便所の紙（神）がいます。空気も木も、全て神です。これが古代神道の教えです。

それと似たような宗教が、ケルト民族のドルイド教です。ケルト民族は、紀元前数千年前に現在のドイツの南西部あたりから発生した民族と言われています。

ケルトが手を組んだ民族がヒッタイト民族です。ヒッタイトは鉄器文明です。鉄といっても、普通の鉄ではなく、鋼《はがね》です。鉄を溶かして磨いただけの刀では切れません。中国の刀は、ものすごく分厚いでしょう。切れないし、すぐ折れてしまうから、分厚くしないと戦《いくさ》にならないのです。日本刀はスパッと切れます。これが鋼です。

今の日本のクリエーターは、潜在意識なのか何かはわかりませんが、2012年を境目にして、世界のトップレベルの感性でいろいろなモノをつくっています。『鋼の錬金術師』もここから来ています。『進撃の巨人』は実際にいたのです。

ヒッタイトがケルトに鉄器を教えて、ケルトはヨーロッパ全土を制圧しました。

ところが、不思議なことに、ゲルマン民族大移動で、ケルトはイギリスのアイルランドあたりに追いやられてしまいました。

ケルトとは一体何者か。結論から言いますと、ケルトはＹＡＰプラスの民族です。ヒッタイトもそうです。それだけではありません。北海道のアイヌも琉球民族もＹＡＰプラスです。

沖縄の人とアイヌは何か似ています。我々より幾らか色が黒くて、少し体格がよく、毛深いです。そして、日本の本土にいる人たちがＹＡＰマイナスです。

先ほど、ＹＡＰマイナスが６６６の塩基を持っていると言いました。ＹＡＰプラスの人たちは、この塩基を持っていません。それでも西洋人のＤＮＡよりは、はるかにスピリチュアルで、大自然とともに生きる遺伝子を持っています。

ケルトの人たちはストーンヘンジをつくっています。山の中、森の中の精霊のようなものに、ものすごく敏感な民族なんです。

この後に呉王朝のお話もします。夏、殷、周、呉、その後が秦の始皇帝の時代です。この連中の流れもＹＡＰマイナスです。

呉王朝のときに、ヒッタイトからスキタイという鉄器文明の民族が弓月《ゆづき》の国で鉄の技術を教えて、軍産複合体として、武器をつくって大儲けしているのです。そのカネを全部持って、最終的に出雲に来たわけです。ここで日本の歴史をつなげていかなければいけないのですが、もうちょっと待ってください。

Part 4

我よし、物欲、
支配のオリオンによって
今地球が
滅びようとしている

シリウスから300万人のシリウス人が3つのUFOでやって来た!?

46億年前に地球ができて、ウルができて、スンダランドになった。そこに密約があったのです。

ニュージーランドに「ワイタハ族」という部族がいます。「ワイタハと日本人」とインターネットで検索すると、「ワイタハ族の長老の言葉　日本人は龍に目覚める。シリウス起源の人は知っていても知らなくても地球の水の守護や浄化をしているのかもしれません。ワイタハ族は銀龍、日本人は金龍が多いそうです」とあります。

これはどういうことかというと、シリウスBはYAPマイナスで金です。シリウスAと竜座の連中が銀です。白人は金属にすると鉄か銅です。海外でこの話をすると、ちょっと問題がある。出国できなくなります。ニュージーランドにワイタハ族という知られざる民族がいます。ニュージーランドと淡路島がつながってくるのです。淡路島の１３５度線。

この時期を目指して、ワイタハ族は、王族の人たちだけに口頭伝承で絶えず多くの人たちに伝えてきました。書物にすると、西洋の連中に踏み込まれて奪われたら消えてしまうからです。大事なことは口頭伝承で頭に入れておけば、奪われることはありません。

ワイタハ族が伝えてきたことは、死海文書の内容と類似した部分があります。40万年ぐらい前の大昔に、シリウスから３００万人のシリウス人が３つの大きな乗り物に乗って地球にやって来た、そして人間をつくった、そのトップが日本人であると言っています。

３つで３００万人というと、１つに１００万人です。そんなに大きいＵＦＯはないと思うでしょう。ところが、そうではないんです。

「太陽を回るＵＦＯ」で調べると、そのＵＦＯは地球サイズです。あとは、２〜

3年前に、土星の輪に地球の10倍くらいの葉巻型UFOがいた。UFOに乗った人の伝記には、地球と同じで、青空があって、海があると書いてあります。

太陽を回る地球サイズのUFOが「エノク」です。旧約聖書に、エノクという預言者が町ごと地上から離れて天に召されたという記述があります。これが、弥勒じゃないけど、また戻ってくる。これが『天空の城ラピュタ』の内容です。あれは実話なんです。

UFO自体を信用されない方もいると思います。「ハウニブー 画像」で検索すると、いろいろ出てくる。ナチスUFO。ヴリル協会。既にナチスはオリオン系の連中にUFO技術を教わって、世界を制圧しようとしましたが、失敗しました。

「TR－3B」で検索すると、画像が出てきます。湾岸戦争でも使われた三角形のデルタUFOです。今、アメリカは「オーロラ」という最新ステルス機をつくっています。あれは、飛行場から成層圏まではジェットエンジンで行って、成層圏より上の目に見えないところまで行くと、UFOに変わります。

これで信用していただけましたか。UFOは古代からあるし、今現在も飛んでいます。ナチスもUFO技術を教わっていました。オリオンの連中は、UFOの技術をどんどん教えています。

今は死海文書で言うところの終末が近づいています。オリオンの連中は、シリウスの連中にやられる前にやっつけてしまおうと考えているのです。

「絶対3神」は聞いたことがありますか。徳川家康の三つ葉葵とか、三羽烏とか、「3」というのは、どうも神の数字のようです。ルーツは一体何なのか。宇宙ができて、地球ができた後、ワイタハ族の伝承によると、シリウスの連中が3つの乗り物に乗ってきた。だけど、地球はまだ住める環境ではなかったらしく、半分が残って日本を中心に世界の陸地を改造したとあります。

プレートテクトニクス理論なんて、全くウソです。ヨーロッパの連中は、真実を裏に隠してウソをつきます。

ダーウィンの進化論も真っ赤なウソです。ダーウィン自身も「この理論を私は信用していない」と言っています。チンパンジーは何十億年たっても人間にはなりません。瀬戸内海に、今は埋め立てで浅瀬がなくなり数が激減しましたが、カブトガニという生き物がいて、何十億年も形を変えずに生きています。インド洋のシーラカンスも同じです。ＤＮＡは変わらない。人間は人間なんです。

なぜ西洋のやつらは進化論をつくったのか。

連中が我々を何と呼んでいるか知っていますか。「家畜」と呼んでいるんです。人類の１％にすぎないメーソン、イルミナティの連中は、自分たちがいい暮らしをするために我々を家畜扱いしていたわけです。それが２０１２年に終わったのです。

絶対3神の秘密のルーツは シリウス人、オリオン人、プレアデス人の3つの密約！

連中が地球に来たときに、ユーラシア大陸は日本を含めてシリウスの人たちが住んで、アフリカはオリオンの人たちが住むという密約をしました。だから、アフリカにオリオンの三ツ星のピラミッドがあるのです。

もう1つの部族が、プレアデスのアヌンナキです。

プレアデス星は「ニビル」と呼ばれます。ニビルからおりてきたのが、アヌンナキという王です。アヌンナキは天使のように羽が生えています。天からおりてきた白い大柄な神です。

インカがスペインに侵略されたときに、アヌンナキが来たと思って、インカの人たちは無抵抗だったのです。インカは黄金の国だったはずです。マチュピチュにしろ、メキシコのテオティワカンにしろ、遺跡には黄金を使っているのに、あるはずの黄金がない。やつらが金《きん》を持っていってしまったのです。

オリオンがクラリオン星人で、クラリオン星人の神がヤハウエです。

何となく見えてきましたか。3つの部族でお互いに侵食しないでやりましょうという密約だったのに、オリオンの連中が裏切っているわけです。

YAPプラスのケルトは自然を保護して生きていたのに、ゲルマン民族はケルトを駆逐し、乗っ取ってしまったのです。

プレアデス星（ニビル）は、どうも安定しない星のようです。大気も安定しないし、紫外線とか宇宙線ももろに受けています。DNAが安定しなくて、定期的に人間の血を飲まないと生きられない。それで生け贄の文化が発達したのです。

生け贄にして、血を飲む。

彼らは、母星を微妙な薄い膜のシールドで囲むために、奪った金を使いました。自分たちが生きられる星にするためには、どうしても金が必要だった。

シリウスの連中は、金を掘り起こしても、そんなことはやりません。

オリオンの連中は、ヤハウエを中心に、ほかの連中を奴隷にして、あくまで自分の民だけがいい思いをしようとしました。それがアングロサクソン文明で、805・5年続いて、2012年に終わったのです。

この3つの密約が絶対3神のルーツです。

旧約聖書の創世記は宇宙をつくった物語です。

創世記第1章は、この世は混沌とした闇で、神が「光あれ」と言うところから始まります。月曜から金曜にかけて、山をつくり、谷をつくり、川をつくり、空気をつくり、大地をつくったとされています。そこまでは神の一人称で、私はこれをつくった、私はこれをつくった、私はこれをつくった……と言っているのに、最後の最後に「我々は神に似せて人間をつくろう」となっている。その後、ホリデーになったんです。

これが創世記の秘密です。「我々は」と複数になったのは密約で協定して、それを白人連中は裏切っているわけです。

宇宙にUFOがいることはわかりましたね。ベガ星人、リラ星人とかいろいろあるのですが、大きく分けて、シリウス、オリオン、プレアデスの3つでやりましょうという約束でした。

銀河の宇宙人は銀河連邦共和国に加盟しています。銀河連邦は、シリウスYAPマイナスの天皇族がつくりました。従って我々日本人は、銀河の中の頂点の民族なのです。そして自分たちだけいい思いをしたり、侵略とかはやめましょうという平和主義の連邦です。何か『スター・ウォーズ』の世界になってきましたね。

この約束をオリオンの連中が破っています。だから地球が滅びそうなんです。

そして、死海文書にあるように、日本人が目覚める時期が来ました。

かぐや姫の真相!?　月の裏側のＵＦＯ基地にシリウス人がいる?!

日本は縄文時代から始まりました。縄文人は大自然を優先する民族でした。縄文人の遺伝子はＹＡＰプラスで、弥生時代になってからＹＡＰマイナスになりました。合理性も取り入れて、鉄器文明がやって来ました。ＹＡＰマイナスの部族は最後に来た可能性があります。大自然を保護するのは、シリウスのＹＡＰプラスに任せておくということです。

地球は銀河系の中でも極めて快適に暮らせる星です。月もちゃんと地球中心に配置しています。それは１０９・２とか４００とかの秘数でわかります。銀河系も太陽系中心にあることがわかります。距離的にちょうどいいのです。

銀河系は地球のためにあります。銀河連邦が、いかに地球を大事にしているかわかりますか。地球は生命の揺りかごです。何十億という生命にあふれている。生命をつかさどる連中にとっては、地球は憧れの星なんです。

月の裏側のＵＦＯ基地にいるのがシリウス人です。これが「かぐや姫」伝説の意味です。ここにはオリオンとかプレアデスは入れません。シリウスが一番偉くて一番優秀なので、手出しできないからです。ここにピラミッドのホルスの意味があります。

ＪＡＸＡは、人工衛星「かぐや」で月の裏側をハイビジョンで撮影したのに、発表していません。月の上をクーッと衛星が動いているのをちょこっと映しただけで、あの後は一切発表していません。月の裏はＵＦＯ基地がいっぱい映っているから、まずいのです。それでメーソンの連中がストップをかけたのです。

メディアは情報を全部コントロールされています。私は、「物質文明から精神文明へ」ということで全財産を賭けて幾らやっても世に出られません。当たり前です。メディアは物質文明の連中に乗っ取られているからです。

オリオンの人々は火星のシドニア地区にいる⁉

オリオンの連中は火星のオリオンの基地にいます。「おまえら、ここにいろ」と言われたのです。

「火星　シドニア地区」でインターネットで検索すると出てくるピラミッドの画像は、ギザの三大ピラミッドと配置が一緒です。

人面岩というのがあって、あれはスフィンクスの象徴です。オリオンの連中は物質にこだわる民族なので、火星と地球にちゃんと痕跡を残しています。NASAも発表しているのに、ちっとも認めようとしないのです。

絶対3神のもう1つがプレアデスです。彼らは金星にいます。

アヌンナキもニビルも安定していなくて、みんな金《きん》を持っていっちゃった可能性がある。金星はUFO基地としては一番お粗末ではないかと思います。「金星人」でインターネットで検索すると、金髪で青い目をして、ハリウッド女優みたいな画像が出てきます。見た目はセレブですが、心の性能は日本人には歯が立ちません。

これで3人の連中の居所がわかりました。

NASAは月に2度3度行ったのに、今はすっかり行かなくなっています。月に行ったときにシリウスのUFOに囲まれて、「おまえら二度と来るな。ここはオリオンの連中の居場所じゃねえだろう」と脅されて行けなくなってしまったのです。

ヤタガラスは太陽の黒点、太陽から来たヤタガラスのグループが全てを仕切っている!?

日本の神話では、太陽を「アマテラス」、月を「ツクヨミ」、地球を「スサノオ」と呼んでいます。

それでは、3本足の黒いカラスのヤタガラスとは何なのか。黒は縁起が悪いと思うでしょうが、太陽の中で黒いところと言えば、黒点です。ヤタガラスは太陽から来たという象徴です。

NASAも陰謀論者も太陽の秘密はひもといていません。私の予想では、結局、太陽から来たヤタガラスの連中が全部コントロールしていると思います。

竹内文書によると、昔の世界は超ハイテクノロジーで、核戦争も起こりました。モヘンジョ・ダロには核戦争の跡が残っています。物質が全部ガラス状に石灰化しているのです。リグ・ヴェーダとかマハーバーラタなど、インドの古代叙事詩にも核戦争の描写があります。文明が発達すると、しょせん人間は争いになって滅びてしまいます。それをノアの洪水で修正したのです。この世に悪がはびこったからというのは、口実です。

世界のDNAがアフリカの1人の女性につながるという説は、オリオンの連中のでっちあげです。白人中心で考えると、結局はアフリカに帰ってきます。

アフリカは、やつらに与えられた土地です。その1人の女性がルーシーです。サンタナの「ブラック・マジック・ウーマン」なんていう歌が昔あったでしょう。それがその神話なんです。実は、うちの犬の名前がルーシーなんですけど、実にかわいいです。

MtDNA（ミトコンドリアDNA）は、女性にしか遺伝しません。ミトコンドリアは細胞の約10％の質量を持ち、生命、意識、感情をつかさどっています。

それに対して、YAPマイナスは男にしか遺伝しません。男のエネルギーは遠心力です。宇宙を目指し、宇宙と戦います。視野が広いし、方向音痴も少ない。

縄文時代以前から、男は山越え谷越え、3日も4日も鹿でも何でもしとめて、天気が悪くてもちゃんと帰ってこられます。女性はそういうことには向きません。今の女性はそうでもありませんが、一般に方向音痴の人が多いです。

愛情、感情、生命の根源は、女性にしか伝わりません。ミトコンドリアDNAだけをさかのぼって、アフリカが起源と言っているのです。オリオンの連中は、805・5年の間に世界史と日本史を改竄《かいざん》してしまいました。とんでもないことをやっているのです。

消された「日本の真実の歴史」を蘇《よみがえ》らせる

日本のお話をします。日本史の中で、大化の改新とか聖徳太子の前の歴史は空白になっています。その前は、いきなり弥生、縄文、石器時代になってしまいます。あの時代はどうなっているのか。消してしまったのです。よくもまあ学校の先生は何も言わないものだと思います。

日本には神代の古い歴史があるのに、それが伝えられていない。結局、あのときに、百済《くだら》経由で表向きには乗っ取られたんです。

結論から言うと、聖徳太子の正体は蘇我入鹿です。大化の改新で、中大兄皇子と中臣鎌足という人がいたでしょう。中臣鎌足が藤原鎌足になって、藤原鎌足の子どもが藤原不比等です。これが元明天皇と手を組んで、古事記と日本書紀をつくったわけです。

神武天皇が初代天皇です。神武天皇は弓月の君ですからね。陰謀論者は神武天皇を否定しようとしていますが、実在しています。その前に何十代、何百代もの天皇の家系図もあります。

伊勢神宮には元伊勢があります。伊勢神宮の元伊勢の1つが籠《この》神社で、ここがかごめ歌を伝承しています。海部《あまべ》宮司は神武以前の何百代にもわたる家系図を持っていて、国宝になっています。元首相の海部俊樹氏のルーツもここです。かごめ歌は後ほどひもときますが、宇都宮とか日光にもかかわってくものです。

女性はミトコンドリア由来なので、生命を大切にします。20年くらい前に、早稲田の生物学者が私の目の前で実験をやってくれました。割り箸の先に針をつけて、それでオスとメスのマウスをツンツン突くのです。当然、痛いから逃げ回ります。それを助手が2人ずつカウンターではかります。教授を入れて5人、私を入れて6人です。するとオスは600回ぐらいでパタッと倒れてしまいます。メスが倒れるのは、なんと1200〜1300回ぐらいです。

私の前で、マウスの皮を剝《は》ぎ、脂肪をかくと、無数の点々がありました。だけど、筋肉を剝がしていっても、内部の心臓とか腎臓まで届いているものは1本もありません。ブツッと刺さないで、チョンチョンとつっついているだけで、「痛い、痛い」というストレスで死ぬ。人間もまったく同じ構造です。

その次の日から、私は嫁さんとけんかしなくなりました。勝ち目はないからです。「女なんか、たかがしれている。男の稼ぎには追いつけない」なんて、とんでもない。だから、卑弥呼の価値もわかったのです。ミトコンドリアDNAの構造は直系で伝わります。

大きなビーカーで、ミジンコに餌《えさ》をやって温度管理をして培養すると、子どもをつくって、どんどんふえていきます。これ以上ふえると生きられないとなったときに、パタッとオスがいなくなって、メスだけになります。子どもができないので、ミジンコはどんどん減っていきます。あるところまで減ると、またパッとオスとメスに分かれます。

この世の終わりのときは、生物学的に男は消える運命です。次の時代は、男性は女性に近づき、女性は男性に近づきます。次の時代の目を開くのはユニセックスです。そういう発想が必要になってきます。

織田信長はキリスト教のエージェントだった!?
だから生き延びてバチカンに行った!?

日本史に戻ります。大化の改新の後、各地で争いが起きて、やがて平安時代が訪れましたが、平安京の話は後回しにします。天下をとろうとしていた織田信長が本能寺の変で討たれたのはおかしいと思います。織田信長にはわずか200〜300人の家来しかついていなかったのに、明智光秀は1万の軍勢で行ったのです。

千利休は、天皇の茶会をやろうと言いました。天皇が持っている茶器には国宝級のものが幾つもあるから、見せてあげると言うのです。お茶の愛好家だった信長は話に乗りました。でも、どうも様子がおかしい。そんなはずはない。

時間の関係で結論から言います。明智光秀と千利休は同一人物です。「明智光

秀　かつら」でインターネットを検索すると、明智光秀は毛がなかったのがわかります。光秀はかつらをかぶっていたのです。

明智光秀と千利休が同一人物だという状況証拠があります。千利休は天皇とすごく仲がよくて、天皇にいろいろと知恵を授けました。光秀も天皇家と仲がよかった。それなのに、千利休と明智光秀が同席の宴会がないのです。千利休になるときは、かつらをとって坊さんの服を着ていました。明智光秀になるときは、かつらをかぶって武将の服を着ていました。明智光秀は学者中の学者ですから、あんな短絡的なことはやりませんよ。

そのとき、中国地方にいた豊臣秀吉が大急ぎで戻ってきました。いわゆる「大返し」ですが、あれだけの日にちで戻れるはずがありません。3日間フライングしているのです。ということは、その日にやることを前から秀吉は知っていたわけです。姫路城に来るまでに、大雨でぬかるんだ道を1日70キロも進んだとインチキを言っています。毛利と戦をしているのだから、すぐに和解できるはずはありません。あなたがいてはまずいということで、戻ってきて光秀を討ったようにしているわけです。「中国大返しの陰謀」で検索してみてください。秀吉も全部仕組んでいたのです。

織田信長の安土桃山城は、世界最大の木造建築です。

あれは上が金で、中が伽藍《がらん》になっているデウス神殿です。デウス神殿というのはキリスト教神殿です。信長はイタリアのキリスト教の連中に大量のお金をもらって、日本をキリスト教国家にすることを頼まれたエージェントだったのです。

鉄砲伝来でも何でも自由自在に操れるのは、そういうことです。

それなのに、なぜ信長は負けたのか。千利休に「日本は神の国なんだから、オリオンの人たちの国にはできません。言うことを聞かないなら織田一族を全部滅亡させます。言うことを聞いてほしい」と、説得されたからです。

それをお膳立てしたのがヤタガラスです。裏の天皇なんです。ヤタガラスの裏はシリウスです。月の裏の人たちが指令したのです。地球上から日本人を消すわけにいかないからです。

織田信長一族はバチカンに帰りました。織田信長がいなくなって、キリストの国にされないことがわかったら、千利休はもう要らない。そんなことで、何か知らないけど切腹命令が出て、死んだことにして彼を消したんです。それで家康が江戸幕府をつくりました。みんなグルなんです。日本を守るのは、シリウスのYAPマイナスの直系の部族です。ここには陰陽師の空海もいます。

平安京をつくったのは空海!?
空海は役小角の弟子で天狗伝説の元!?

平安京をつくったのは空海です。比叡山延暦寺の最澄ではありません。

そして、空海のもとが役行者（役小角《えんのおづぬ》）です。役小角は、葛城山から金峯山寺へ、ひとっとび。これが天狗の伝説です。アヌンナキと同じです。

重要なときには、月の裏側から直系のシリウスの部族を日本に派遣して、日本の国体を守る。

織田信長は本当は生きて帰ったのですが、死んだことにしたのです。その後、織田の一族はどうしても諦めがつかないし、納得がいかない。親玉もいなくなってしまった。それで織田一族が後々まで響くわけです。

徳川2代将軍が徳川秀忠で、秀忠の長男に跡をとらせるはずなのに、次男坊の家光が3代将軍になったのです。これはおかしいでしょう。家光の乳母は春日局です。春日局は明智光秀の孫です。家光は春日局と家康の子どもだから、なつくはずです。それでそのまま歴史が進みました。

天下分け目の関ヶ原は30分で決着がつきました。

石田光成が挟み撃ちでいたはずなのに、どういうわけか、みんな向こうに回って負ける態勢をつくってしまった。光成は鉄砲を3000丁持って、やぐらで組んで、その間から撃ちました。豊臣軍は勝てない構図で仕組まれていたのです。それでもほとんど戦わずして豊臣軍が勝ちました。最終的には日本を守っているシリウスが黙っていません。軍師官兵衛は、戦わずして勝利する名将と言われています。戦わなくても済むようなときの名将だから、そう言われているだけです。彼が偉いわけでも何でもない。それでそのまま歴史が進んでいきます。

Part 5

現在、呉王朝がイルミナティ、メーソンを裏から牛耳っている理由

カバラはシリウスのYAPマイナスの叡智
エドガー・ケイシーはフリーメーソンに利用された

半年か1年後でいいんですけれども、私のカバラの解釈の本を出せば、世界がひっくり返ると思います。

カバラは、シリウスのYAPマイナスの叡智です。旧約聖書も古代ユダヤ教もそうです。その先にあるのが古神道です。

オリオンの連中は、カバラをわからないようにしないとまずいんです。なぜなら、世界中の民がカバラを理解してしまったら、オリオン文明が崩れ去ってしまうからです。人間が霊的に目覚めてしまうのです。

エドガー・ケイシーは、子どものときに瀕死の重傷を負って血だらけになったときに、人間の肉体の構造の部分でアカシックレコードに連結して、どうしようとうろたえているお母さんに、「ここところをこういうふうにすれば助かるよ」ということを教えたんです。

それで大人になってから、いろんな人の肉体を見て、どこが具合が悪いとか、どこをどうすれば体がよくなるとかリーディングしたんです。

その延長線上で、エドガー・ケイシーは予言で、アトランティスの秘密とか、日本列島がプレートテクトニクス理論で沈んでしまうとか、フェイクの情報を流したんです。これはメーソン、イルミナティの力が及んだわけです。1998年に世界が滅びるなんということも言っている。

でも、その前に彼は死んでしまっている。彼は、あくまでもアカシックレコードの肉体の構造部分だけリーディングしたんです。

それ以外のところは、メーソンの連中がエドガー・ケイシーの名声を利用して日本を混乱に陥れようとしている。それが、日本で言うところのエドガー・ケイシー理論です。

先述のとおり、プレートテクトニクス理論というのは、あくまでオリオン系の連中が捏造した理論です。あの理論で大陸と大陸が離れていくことは説明できるかもしれないけれども、離れた大陸が1カ所に集まることを説明するのは絶対無理なんです。

オリオンの連中が捏造したもう1つは、ダーウィンの進化論です。これは真っ赤なウソで、ダーウィン自身も晩年に、私の理論はまったく根拠がないと言っています。

あの理論を世界に広めるメリットは、軍産複合体の殺戮《さつりく》によって生き残った民族を進化論で正当化できるということです。

同じように、十字軍の殺戮、さらに世界大戦の殺戮、全て進化論で肯定しようという魂胆があるわけです。

ですから、今の世界の歴史、文化の解釈は全て、千賀一生さんがおっしゃるガイアの法則で言うところのアングロサクソンの終末を予言するオリオンの連中が抑え込んだものです。

カバラ「生命の樹」は IQ200のシリウスBの異星人がつくった!?

それでは、カバラの図面をご説明します。

いろいろ本が出ているんですけれども、数秘術も交えて結構難しく書いてあって、結局、読み終わっても何を言っているんだかわからないという感じになる。これは専門的に勉強すればするほど、逆にわからない。素人の方が客観的、雑学的に見たほうが見える部分が多くあるんです。

一説には、これはIQ200のシリウスBの異星人がつくったものと言われています。だから、古代ユダヤ教の前にカバラがあったのではないか。通常ではなかなか読み込めません。

カバラは「生命の樹」と言われていますけれども、独自に簡単にひもといてみます。私の説明が的を射ているかどうかは、皆さんの判断にお任せします。

1つ1つの丸を「セフィロト」といいます。上のケテルから始まってずっとセフィロトがあります。ケテルの下に隠れたセフィロトを「ダアト」といいます。11のセフィロトということは、11次元の宇宙定数になるんです。

先ほどのガイアの法則じゃないけれども、わかりやすいイメージの言葉を私がつくってみました。そうすると、一発でこのセフィロトが全部出てきます。

イメージとしては、火を起こしている火鉢を小さな熊が蹴飛ばしてひっくり返して、山小屋に火が燃え移って、命からがら逃げて、やっと助かったというものです。

「火のもとを足で蹴飛ばした（ケテル）子熊（コグマー）は美男子（ビナー）だった。やがてダアトで暗くなった。そして、夜になって、幾ら消せども（ケセド）煙っていた（ゲブラー）。でも、その光景は美しかった（ティファレト）。熱が熱くて（ネツァク）、このままでは死んでしまうからほどほどに（ホド）してほしい。命からがら家の外（イエソド）に出たら、丸くなって（マルクト）やっと助かったということで、そのまま眠り込んでしまった」

こんなふうに私が独自にイメージのストーリーをつくりました。部分部分で何十回覚えようとしてもなかなか覚えられません。難しいことでも、ストーリーにすると一発で覚えられる。

ケテルが一番上で、コグマーは知恵です。ビナー、ダアト、ケセドがある。ゲブラーは、煙っている。ティファレトは中心なので、ほかの言葉は見つかりませんでした。美学、芸術です。熱くて熱くて、熱はほどほどにしてほしい。で、家の外に出てマルクトになった。

こんなことを言う人は世の中にいません。まず、難解とされているセフィロトは丸暗記すれば、いつでも出てきます。あと、イスラエル12支族も、一発で覚える方法があります。先ほどのガイアの法則は覚えましたね。よく鍵を閉めておかないとね。ドアを閉めましょう。

カバラを全て書いてあるサイトを見るのは、私も大分骨が折れたのですが、ケテルというのは王冠で、これは人間がたどり着けない領域と考えているんです。

カバラ

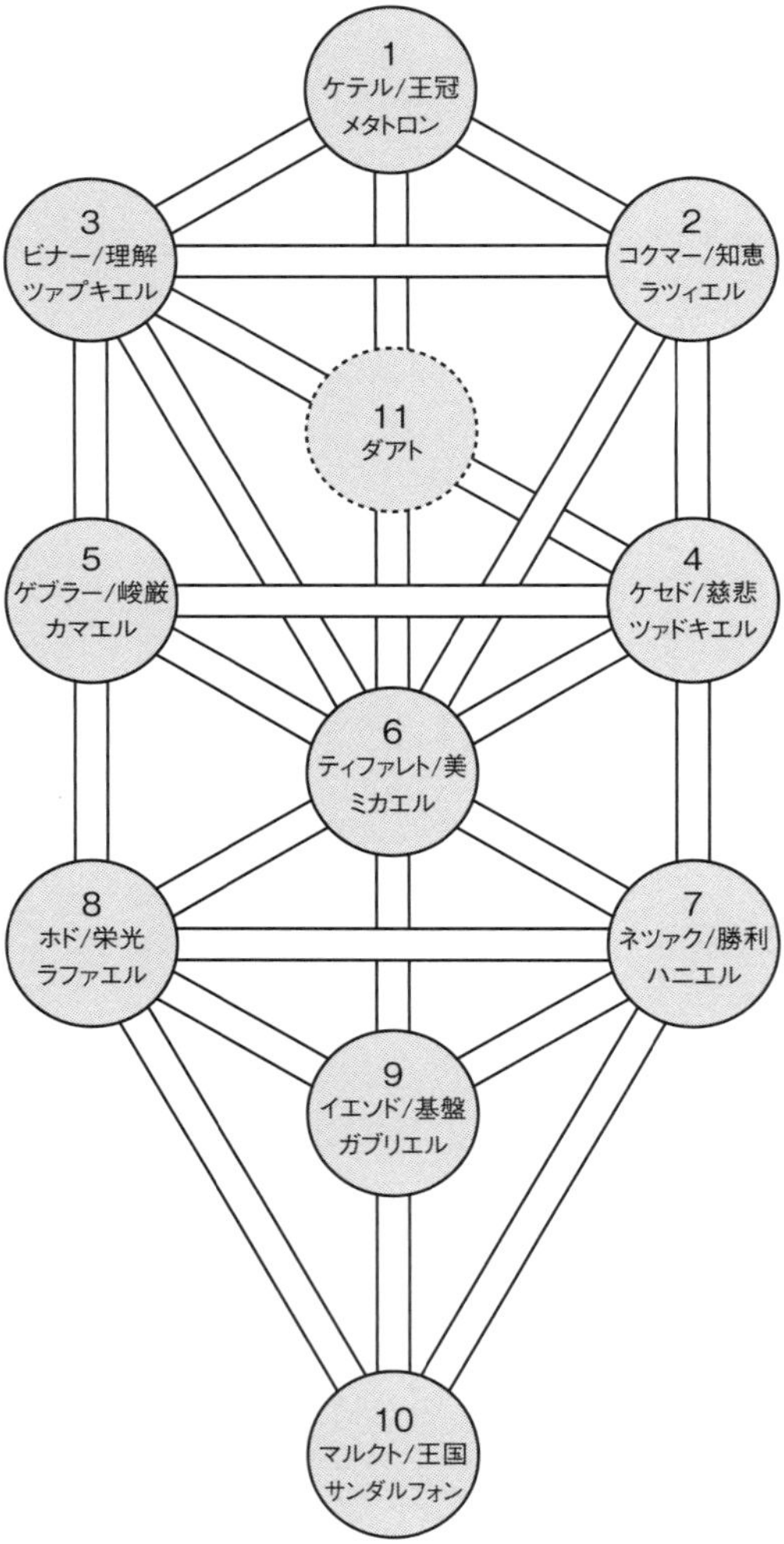

1
ケテル/王冠
メタトロン
2
コクマー/知恵
ラツィエル
3
ビナー/理解
ツァプキエル
11
ダアト
4
ケセド/慈悲
ツァドキエル
5
ゲブラー/峻厳
カマエル
6
ティファレト/美
ミカエル
7
ネツァク/勝利
ハニエル
8
ホド/栄光
ラファエル
9
イエソド/基盤
ガブリエル
10
マルクト/王国
サンダルフォン

どうしてもここまでは行けない。上から3つ、御父、御子、聖霊と判断してください。コグマーが知恵とされていますけれども、御子です。子どもということで、ヤハウエ、イエス・キリスト、仏陀とか、その領域まで行った人は御子の部分まではたどり着けます。

ビナーは理解するということです。ダアトは知識です。これは何を言っているかというと、知識を幾ら覚えて振りかざしてみたところで、たかが知れていますよということなんです。

今の勉学で、東大や京大の連中が、学問の分野、政治の分野を全部牛耳っているじゃないですか。偉そうにしているけれども、実に軽薄ですね。知識とはそういうものなんです。このカバラは実に奥が深い。それで慈悲があって、左に行って峻厳があって、中心にティファレトがある。次に、勝利、栄光、基礎があって、下が王国になるんです。

まず対比的に覚えるといいのは、王冠です。王国の親分は王様でしょう。だから、国をつくって王様気取りでいる人間は、一番上の神の王冠と勘違いするなという意味がここに隠れているんです。それが一番上の、蛇が絡みつくような次元上昇の意味なんです。

皆さん、そういう図面を見たことがあると思うんです。人間は生きていく間にずっと上に上ってどこまで行けるかという部分が生命の樹でもあるわけです。ただし、組織の長とか、会社の社長とか、1つの中で長として「自分は神に近づいた」なんて勘違いすると、このカバラが逆転します。ここが王国と勘違いすると、セフィロトの次元上昇が上に行くのではなく、地下の悪魔の魔のチャネリングで下に伸びていってしまうという怖さがある。一番上と下が重要なんです。

一番左は「峻厳の柱」といいます。真ん中が「均衡の柱」、バランスです。右側が「慈愛の柱」、ラブです。

左側の峻厳の柱は、見栄を張る、胸を張る、見せびらかすという発想を持つと実に危ない柱です。真ん中はバランスがとれる均衡の柱です。右側は、慈愛の柱なので、上から見て、知恵、慈悲、勝利と、決して悪くない精神構造ですね。

ダアトが裏に隠れている理由は、知識を振りかざすと、それは表に出られませんよということです。

真ん中のティファレトは11のセフィロトの要です。このセフィロトが全てのセフィロトにつながる唯一のものなんです。どういうことかというと、美というものは、感動を呼びます。感心の領域を超えて感動になる。感動が人間にとって一番大切なのです。いろんなことをやる上で、感動こそが精神構造の一番極致の精神なのです。

ただし、知識には届きません。素通りしています。そして、基礎のところで遮断されていますから王国にも届きません。王国を除外しているんです。奥が深いと思いませんか。

『ひょっこりひょうたん島』も!? 日本が生んだ超能力ヒーローはすごい！

人間の松果体、三つ目が開く人間は日本人だけなんです。

手塚治虫はお医者さんです。『三つ目がとおる』はちゃんと根拠があるんです。絆創膏を貼っているときは子どもだけど、何かの拍子にとれると超能力を発揮する。それから『鋼の錬金術師』や『ドラゴンボール』の悟空。今のスーパーサイヤ人は三つ目が開く意味ですね。日本人のクリエーターはすごいのです。外国人には思いつかない発想を持っています。

あと、第2次世界大戦で負けた後の井上ひさしの『ひょっこりひょうたん島』。あれは、オリオンの連中に決して我々は負けないんだというプライドを示す子ども向け番組なんです。ドン・ガバチョの本名を知っている人を今まで聞いたことがないけれども、「摂政関白太政大臣藤原のドン・ガバチョ・ゴブナガでございまする」という自己紹介があるんです。ドン・ガバチョは、日本人の全ての役職の頂点の役職を持っているんです。摂政、関白、太政大臣、藤原のドン・ガバチョ。信長だけはキリストかぶれなので、ゴブナガと濁している。それで、ひょうたん島がアメリカにたどり着くと、アメリカ人の無二の親友ができたんです。その親友の名前は、センターバック・スコアボード・ランニングホーマー氏です。「しょせん、おまえらは歴史もないだろう。野球漬けだ」とアメリカをバカにしているわけです。その叔母はドビン・ポット侯爵夫人です。井上ひさしは、日本人のプライドとして劇画で対抗したんです。

スーパーマンはクリプトン星人の子どもだとか、ちゃんと根拠がある。スパイダーマンは遺伝子操作の突然変異です。それから、ドラキュラ、オオカミ男。フランケンシュタインは手術に失敗した結果です。

日本は違うじゃないですか。桃太郎はえたいが知れない。かぐや姫だって、月に帰ると言う。一寸法師だって、人がそんなに小さくなるはずがない。日本人は、超能力のスーパーヒーローを出せるんです。ＹＡＰマイナスは特殊なんです。それから、『怪傑ハリマオ』や月光仮面だっておかしい。ウルトラマンは変身するんです。スーパーマンは服を脱がないと飛べないじゃないですか。ウルトラマンのように一瞬で変身はできません。

あと、『アンパンマン』に出てくるドキンちゃんとバイキンマンの関係も、知識と女の究極の姿です。バイキンマンは天才で、ドキンちゃんに言われたものを何でもつくり出します。それでドキンちゃんの言うとおり、その装置で悪さをして、「何やってるんだ」とアンパンマンが来たときは、ドキンちゃんは先にさっさと逃げてしまう。そして、バイキンマンはぼこぼこにやられて煙を吹きながら「そりゃないよ、ドキンちゃん」と追いかけていく。この男と女の真髄のような漫画は海外にありません。あれは子ども向けの漫画ではないと思う。「この世が終わりになっても私は生き残る」という歌詞のドキンちゃんの歌もあります。やなせたかしは女のすごさを知っているんです。とにかく日本は超能力ヒーローの別格なものを生み出すわけです。

オリオンの方々の守り神「堕天使ルシファー」の正体

セフィロトには、メタトロン、ラツィエル、ザフキエル、ザドキエル、カマエル、ミカエル、ハニエルなど、必ず天使の名前が書いてあります。唯一、一番上と一番下はLがないんです。Lはどういう意味かというと、神に準ずる者、神に従う者という意味の称号です。『デスノート』の映画にはLという人物が出てきます。

トヨタは、世界一の自動車メーカーになれるという判断をしてレクサスをつくり、よりにもよってLのマークをつけた。これが「生意気だ」と、やつらの逆鱗に触れたわけです。それで、不具合を捏造して、トヨタを潰そうとしたわけです。レクサスにはそういう裏の秘話があるんです。

Lがないのは、1番の神と王様なんです。神にLは要らない。そして、王様にもLをつけるだけの価値がないんです。ティファレトにも届かなかった。

昔、ルシフェルというイケメンの天使が自分は神になれると思って、何千人の天使を抱えて神に戦いを挑みました。すると、神が怒って、ミカエルと神で手を組んで、ルシフェルを地獄に落としたんです。これが堕天使の意味です。

ルシフェルはLをとられて、ルシファーになってしまったんです。オリオンの連中の守り神はルシファーです。ミカエルはYAPマイナスで天使の熾天使、トップレベルです。だから、ティファレトには一番大切な天使のミカエルがついているんです。そう読み取ってください。

YAPマイナスの皇族の流れは、夏、殷、周、呉と続いてきた

紀元前8000年、中国に夏の王朝がありました。今からだと1万年前の王朝です。

中国4000年の歴史というのはまったくのウソなんです。夏の王朝の次が殷の王朝、周の王朝、呉の王朝と続きます。呉の王朝は紀元前500〜600年ごろです。紀元後150年ぐらいが秦の始皇帝になります。

池袋にオリエント美術館があります。東洋の秘密を割と暴露する激しい美術館です。そのオリエント美術館で、20年ぐらい前に夏の王朝展をやっていたんです。見に行ったらびっくりしました。紀元前8000年で青銅器でも何でもものすごいつくりなんです。

私はアートをやっているので、世界の文明とほかの国の文明の出土品を見れば、どの連中がかかわっているかが読めるんです。

そうしたら、殷のものがインカのものとうり二つなんです。殷の王族がＹＡＰマイナスの連中です。中国の文化だけど、中国と韓国にＹＡＰマイナスは０％ですから中国人ではありません。これでわかったんです。殷の語源をインターネットで調べると、ヨーロッパの語源どうのこうのと書いてある。本当は違います。インカの王族で我々の都ですよという意味に見たほうがわかるんです。つまり殷と夏の文明でつくったのでインカという語源ができたのです。

先ほど言ったケルトに鉄器を教えたヒッタイトの部族、スキタイの部族がかかわったんです。鋼の錬金術です。ケルト人は強力な鉄の武器をつくったり、鉄の馬車に乗っていました。これらのノウハウが、後のオリオン部族の軍産複合体のシステムのお手本になりました。

紀元前８００年あたりに、イスラエルの10支族と2支族がローマ軍に戦いを挑もうとした。嫌がらせで、いよいよ経済封鎖されたからです。結局ユダヤ民族も我々の仲間ですから、オリオンの連中が12支族を潰そうとしたんです。それで戦いを挑もうとしたところ、10支族は、「ノーノー、我々は協調の民族だから戦わない」ということで、ある日突然、王族の連中はヒッタイトの連中と一緒に中央アジアに消えてしまった。これは世界の歴史上の民族学の最大のミステリーです。失われたイスラエルの10支族。

だけど、2支族残ったんです。ユダ族とベニヤミン族は、「なんとしても我々は戦うんだ、やつらを許さない」と、2支族で戦ってローマにコテンパンにやられました。それでバビロンの都の牢屋に入れられたのが「バビロンの捕囚」という歴史です。紀元前450~500年ごろ、約40年間も閉じ込められてしまった。30歳で入ったら、出てきたのは70歳です。

2支族がバビロンに入っている間に、神道に近いヤオヨロズのスピリチュアルな古代ユダヤ教の教えはひねくれてしまいました。それで、選民思想のタルムードという新約ユダヤ教をつくったんです。これがやつらの逆鱗に触れて、ホロコーストにつながる。

ユダヤ人は決して悪くないんです。ユダヤ人は、セム、ハム、ヤペテの、うちのセム系の黄色人種でＹＡＰマイナスの直系です。バビロンの捕囚の後に、オリオンの連中が、白人でもユダヤ教に改宗するとユダヤ人になれますという法律をつくってしまったのです。これがアシュケナジーです。ユダヤ人を悪者にしようとしたのです。

フリーメーソンの裏にユダヤ資本は捏造されたわけです。だから、白人はユダヤ人ではありません。例えば海外の人が仏教に改宗したからといって日本人になれません。ドイツ人はドイツ人です。10支族は逃げてしまい、2支族もやっつけたから、ユダヤを消そうということで、イスラエルの12支族を抹殺しようとしたわけです。

歴史上は、あくまでオリオンとシリウスの戦いなんです。2支族は後を追いかけて我々のふるさと日本に行こうということで、高千穂に来たんです。途中で呉の連中と合流した。それで神武天皇の伝説になる。

神武天皇は熊野古道で道に迷って、ヤタガラスを道案内に置いてきたとある。

ヤタガラスは何か。先にたどり着いている10支族の出雲の連中が導いてくれたんです。だから争いが起きないんです。

ただ、昔いたＹＡＰプラスが追いやられてしまった。ＹＡＰマイナスが本格的に目覚めてしまったからです。だけど、追いやったわけではありません。アイヌと琉球は、みずから退いたわけです。

イスラエル12支族も、オヤジギャグ風の覚え方があります。これはフランス革命のイメージで覚えてください。ルイ16世はフランス革命で滅ぼされてしまいました。14世は太陽王と言われた。ポンパドゥールというおめかけさんが、えらいぜいたく好みで、ベルサイユ宮殿をつくって、フランスじゅうの国税を使いまくって、フランスに貧乏人と乞食がふえてしまったんです。食べられなくて餓死する者も出てきた。それで、これはダメだというので倒されたんです。

ルイ王朝は危機管理に甘かった。だから、「甘えしルイだがなぜ夕べ」とフランス革命のイメージで一発で覚えられる。なぜいつの間にか夕べになってしまったのか。甘えているから夕焼けになってしまうんです。これで12支族を覚えればいいのです。

12支族を紙にマジックで書いて、カルタではないけれども、前後してなんとか覚えやすい語呂合わせはないかと思って、1カ月ぐらい、また頭がおかしいと思われるから家族には見せないようにやっていたんです。ここまで出れば、12支族は一発で出てきます。

12支族は、アシェル、マナセ、エフライム、シメオン、ルベン、イッサカル、ダン、ガド、ナフタリ、ゼブルン、ユダ、ベニヤミンです。まず頭文字を覚えなければ絶対出てきません。表の天皇はガド族の王子です。「ミー（私）はガド族ですよ」という意味で「帝《みかど》」と呼ぶようになったんです。裏の天皇は違います。ヤタガラスです。

12支族の上にもう1つレビ族がいるんです。レビは何者かというと、お祭りとか神官の儀式を取り仕切る神官の職です。トップの遺伝子はＹＡＰマイナスです。これは夏、殷、周、あと秦の始皇帝、呉の王朝もそうです。

イエス・キリストもＹＡＰマイナスです。釈迦はエジプトから出ました。ユダヤ民族を連れていたモーゼは、約6年間、日本で古神道を研究してから行ったんです。釈迦が3年です。キリストは半年なんです。少しせっかちだったんですね。イエス・キリストは、YAPマイナスの宇宙の真髄を覚え切れなかった。だから、キリスト教はどうも未完成なんです。でも、旧約聖書はグレードが高いです。

ナフタリ族は医学関係の族なんです。これが「ナフタリン」の語源です。

イスラエル12支族は消えたようですが、消えていません。出雲と王族のトップ連中には伝わっている。10支族は、三種の神器にソロモン第2神殿のアークを持っていってしまったんです。それが京都近辺のお寺にちゃんとあります。やつらは歴史上いろいろとなんとかしようとしているわけです。

次の時代はどうなるか。結局、日本は歴史上、世界大戦は2回しか負けていません。最初は、中大兄皇子が仕掛けた大化の改新です。彼が百済と手を組んで、百済を助けようということで、唐と新羅《しらぎ》に戦いを挑んだのが白村江の戦いです。白村江の戦いは、2年くらい前にNHKでドキュメンタリーでやっていましたが、あれは捏造です。

結局、あれによって百済が入ってきている。法隆寺に百済観音像がありますが、百済のDNAではありません。

もともとは弓月の10支族がアゼルバイジャンやカザフスタンやキルギス、中央アジアで弓月の国を一回つくったんです。鉄器文明を盛んにして、そこで中国の三国志ではないけれども、紛争にどんどん武器を送って、えらくお金を儲けた。

それから、モーゼがイスラエルをつくった。当時モーゼが持ち帰った財宝も含めて大量の金《きん》を日本に戻したわけです。

そのとき、一緒になって、皇族の中でYAPマイナスが残ったのが夏、殷、周、呉なんです。呉が四大王朝の最後でしょう。夏の王朝からの財宝も全部、呉が引き受けたはずなんです。だから、今現在、呉王朝がイルミナティ、メーソンを裏から牛耳って改心させようとしているわけです。

「呉王朝」は浙江財閥という上海を拠点とする金融資本の総本家?!

Mさんを紹介します。彼は私と知り合ったのが数カ月前なんです。私のこの理念に賛同して、世界展開、片腕になって何とか協力すると言っているうちに、2~3週間過ぎたら、1月5日、世界の呉王朝の21人のうちの専務理事の役に彼が選任されたんです。

M氏　呉王朝は、19世紀後半から20世紀初頭に興隆した浙江《せっこう》財閥という、上海を拠点とした金融資本の総本家なんです。そこから呉王もあらわれてきた。その総本家からロスチャイルド、ロックフェラーを番頭格として、治めてきた内容が、やはり今まで地球汚染、いろんなものが大変だったので、もともとの呉族がこの危機を脱しなくてはいけないということで、２０１2年、マヤ暦の終わる日に呉王朝の会ということで発足しまして、今6年目に入りました。

私も2年前から聞きまして、役員になって、２０１8年1月5日になって正式に入らせていただきました。呉の神として、呉神セイユウという名前もいただいているんです。

そのほかに顧問と相談役がいて、32名いらっしゃるんですね。その中にロスチャイルド、ロックフェラーが最高顧問としている。その下にスイス、アメリカ、いろんなところがあるんですけれども、ホワイトライターズクラブとかルーズベルトグループという面々の方たちが顧問としている。

そこまでしか話せないんですけれども、篠﨑さんを含めてまして、これから国連として活動する。呉王朝の会の資産管理はアメリカの国防総省（ペンタゴン）、ホワイトハウス、ノーベル財団、全部が全面的に呉王朝を応援して、トップはワシントンにいらっしゃるんですけれども、やっぱり日本という国は特別なので、全ての責任を大阪本部に置いて、今、日本から出発して、これからそういう活動を始めるというところです。

篠﨑　弓月国の頂点の人間は弓月君です。それが百済を回って、ずっと日本のほうまで来たんです。この弓月君が神武天皇の正体です。

ですから、夏、殷、周、呉は、秦の始皇帝もYAPマイナスなんです。日本の民族の月の裏側のルートなんです。中国の文明ではありません。

さっきのガイアの法則で、韓国は奴族の民と言われているんです。中国文明を支えるために奴隷としてDNA操作をした。ごくわずかな連中から近親相姦でふえていったんです。のっぺらぼうというのは、要するに彫りが浅くて一重まぶたで個性がなくて、DNAでずっとたどっていくと、全部少数派につながってしまう。やつらが言うことはくだら（百済）ないというのはここから来ているんです。だから、コントロールしやすい部分もあるわけです。

北朝鮮は新羅ですから貴族の民です。百済を経由すれば言うことを聞くから日本のメディアをコントロールしやすいわけです。韓国、中国でYAPマイナスは

0%です。カネをかけても個性的な顔にしたいから、韓国はすごく整形技術が発達したんです。

電通は百済に頼んでいるんです。メーソン、イルミナティも関係がある。だから韓流ドラマが多いんです。決して悪口を言っているわけではありません。同じ生命として同じ価値があるわけです。

2012年、日本の目覚めの前に2011年の3・11で日本を滅ぼす計画だった!?

2012年に、マヤ暦ではなく、本格的に日本が目覚めた。一気に2012年にゴーサインを出したわけです。表向きは、ヤタガラスがゴーサインを出したと言われていますけれども、どうも違う。神風だって、あそこで侵略されてはまずいので、HAARPの人工台風でやったわけです。裏で命令を出しているのは月の裏側の王国（シリウス）です。それに守られているんです。

3・11は、その前の年の2011年ですね。2012年を迎えるまでに日本を完全に滅ぼそうとして、HAARPの人工地震で津波を起こしたわけです。

それが起きるのがわかっていたので、軍艦が横にいた。トモダチ作戦ではありません。何ですぐいるんですか。ハワイからだって軍艦が来るまで1週間はかかります。仕組まれているわけです。原発を全部水浸しにして、放射能のせいにして、日本を滅ぼそうと狙った。

あれから原発は一気に停止になりました。それでもなんとか滅びないで生き残って、2012年を迎えて、よし、ここでゴーサインだということになったわけです。月の裏が、「今後、オリオンのやつらにあの大津波は二度とやらせないぞ」と激怒したわけです。「神の国・日本をよくも潰そうとしているな」と。オリオンは、100メートルの津波をロンドン、パリ、ブリュッセルにやると脅していたわけですが、その警告で手出しできない。

でも、やつらはやるかもしれないというので、2012年から毎日、葉巻型UFOが何十機と日本上空に滞在して日本を守っています。

葉巻みたいに細長いんです。あれは横からシュッシュッシュッと小型UFOが飛び出しやすい。葉巻型UFOの一般的な長さが2・5キロから4・5キロと大きいんです。

ただし、2011年のときには逆鱗に触れて、仙台上空に母艦を派遣した。この長さは10キロです。「おまえら、どこまでやるんだ」とシリウスの逆鱗に触れています。それで毎日、40機も50機も来て日本を守ってくれているんです。これは私のつくり話ではありません。

2012年、日本を守るために YAPマイナスの直系、呉王朝の会が発足した!?

2012年に、あと何が起きたか。呉王朝の会が発足したんです。呉はYAPマイナスの直系ですからね。

それから翌2013年に富士山女子駅伝が始まったんです。ぴんとこないでしょう。以前は埼玉や茨城でやっていて、2013年に初めて「富士山女子駅伝」としたんです。そのとき同時に、「日光いろは坂女子駅伝」も発足するはずだったんですが、遅れて2014年になってしまった。

富士山から華厳の滝、どういうことかわかりますか。蓬莱山《ほうらい》から養老の滝ですよ。

秦の始皇帝が徐福に、「東の海を出たところに神の蓬莱山がある。そのふもとに養老の滝が流れている。その水を飲むと永遠の命がもらえるから、養老の滝の水を持ってきてくれ」と、約3000人で何百億、何千億のカネを持たせて命令しました。

でも、それは表向きの話です。秦の始皇帝は帰ってこないことを知っていたんです。結局、スーパーゼネコン集団を送り込んだのです。

なぜならば秦の始皇帝はYAPマイナスの直系なので、スーパーゼネコンの技術で、神の国・日本をもっと豊かにしてくれと考えた。

Part 6

富士山と日光と宇都宮、日本深奥の秘密を開示する

竹内文書以前の文書「宮下文書」でわかった!?
富士王朝は実在していた!?

徐福が入国した痕跡は、福岡、北九州、若狭のあたりなど、あちこちにあります。

だけど、彼の目的はあくまで蓬萊山と養老の滝なんです。

日本にたどり着いて富士山を見たときに、瞬間的に「これが蓬萊山だ」と思ったわけです。そして、周り近所に聞いて回ったら、富士王朝の伝説があるということがわかったんです。

古文書を全部集めてつくったのが「宮下文書」です。編纂《へんさん》して、宮下家にかくまっているんです。どこにあるかわからないようにしている。これが「竹内文書」以前の文書です。

武内宿禰の73代、中央大の法科を出たSさんという人がいろいろフェイクで、進化のことをベラベラ言っている。インチキの情報を流しているわけです。もう2012年になっているから、「竹内文書」はどうでもいいんです。

「宮下文書」をめくって、富士山が世界一の山であることを知ったわけです。富士山の高さは、表向きは3776メートルになっています。これは効力を発揮しないようにというフェイクなんです。実は3775メートルです。ゲマトリアでいくと、3＋7＋7＋5で22という秘数なんです。11次元の宇宙と三十三間堂の絶対3神の33との中間の数字が厳島神社につながるんです。

富士山のように、単独の山で海抜ゼロメートルから一気に4000メートル近く立ち上がっている山は世界にありません。ほかの高い山、6000メートル級、7000メートル級だって、隣に近い山があって連山なんです。富士山はコニーデ型の美しい形です。あらゆる部分において世界一の山、蓬莱山なんです。ただ、富士山の周りには滝がありません。関東平野を隔てた華厳の滝、これが養老の滝なんです。

かごめ歌「かごの中の鳥」は、YAPマイナス直系ヤタガラスの部族のこと⁉

ノアの洪水の前にアトランティスのオリオンの連中が物質文明、拝金主義でどんどん悪さしているので、シリウスが激怒して隕石をぶつけてスペイン沖で沈めました。

そうしたら、同じ経度、緯度でマントルの圧力でボンと飛び上がったのが琵琶湖です。

琵琶湖の土砂がそっくりボンと飛んでできたのが淡路島です。琵琶湖の形と逆転して同じ形なんです。海の底からの土砂の立米も一致しています。

だからイザナギ、イザナミの国つくりの神話がある。ここだけが表向きの真実ですね。実はこの裏があるんです。

今から言いたいのは、京都は見える世界都市です。目に見えない世界都市が日光、宇都宮だということです。こっちは神の領域なんです。京都は人間の領域なんです。

軟水でつくる京都の懐石料理が世界文化遺産になりました。水のクオリティーからいったら、大谷川《だいやがわ》、中禅寺湖の水のほうがはるかに上です。

中禅寺湖は小さいですが、琵琶湖の形なんです。地図でよく見てください。細長い部分はないですね。細長い部分がないのは、男体山でせきとめたので消えただけです。そして、水の量が一致するんです。実は、中禅寺湖は163メールの深さがあります。琵琶湖は浅いんです。

7~8年前に宇都宮の「澤姫」という大吟醸がロンドンで開かれたインターナショナル・ワイン・チャレンジのSAKE部門で最高賞(ゴールドメダル)を取りました。要するに、日本で一番おいしい水が出るのが栃木県なんです。「澤姫」は、タンクローリーで大谷川の上流の水をくんできてつくった大吟醸です。一番おいしい日本酒をつくれるのは、新潟でも秋田でもありません。水のクオリティーは栃木県が一番です。その証拠に宇都宮の上水道の水のクオリティーが日本一なんです。

それで、宇都宮環状道路というのがあります。ほぼ山手線の大きさです。あの大きさがちょうど人間の感覚で理想的な円なんです。山手線の中心は皇居です。宇都宮環状道路の中心は二荒山《ふたあらやま》神社です。

かごめ歌の封印が2012年に解けたんです。かごめの歌は不思議だと思いませんか。「かごめかごめ、かごの中の鳥は」、いつ出るんですか。

「かごの中の鳥」はヤタガラスの部族、YAPマイナスの直系の部族の象徴です。「夜明けの晩に」、夜明けに晩ということはありません。夜明けでしばらく昼間が続いて晩です。夜明けの晩ということは世紀末の意味ですね。「夜明けの晩に鶴と亀が滑った」。鶴は、地上から天に飛ぶ鳥ですね。縦のエネルギーです。亀は、地上を這《は》っていく横のエネルギーなんです。クロス、十文字、それが両方ともダメになるときが来た。そのときになったら「後ろの正面、誰」。後ろに正面はありません。あなたが目覚めなさいという意味なんです。

神社にある八咫《やた》の鏡を知っていますか。じつは、神社は唯一、神がいません。出入りする人間こそが神なんです。神道は世界最古の教えだから、本尊に偶像崇拝も何もないんです。八咫の鏡は、自分の顔を映して「あなたは神の分け御霊ですよ」と教えるためのツールです。それが「後ろの正面」の意味なんです。

でも、男は目先の欲に絡んで奪い取る文明の人種だから、こういう秘密、精神的なスピリチュアルなものは女の子に継承したほうがいいということです。それがかごめ歌の真実なんです。いつ出るのか。2012年です。

1~2年遅れましたが、富士山（蓬莱山）と華厳の滝（養老の滝）それぞれで女子駅伝を開設したんです。

その前に1920年、第1次世界大戦が終わった2年後に箱根男子駅伝が始まったんです。まず男を目覚めさせるために予行演習をしたわけです。でも、精神的なスピリチュアルな目覚めは女性がいないとダメです。第2次世界大戦による中断はあったものの箱根駅伝はずっとやってきたけれども、なぜ学生の女子駅伝をあまりやらなかったのか。不思議だと思いませんか。女子は体力がないからという理由にしている。そんなことはないでしょう。

箱根より、いろは坂を上るほうがはるかに骨ですよ。女性が目覚めるために、かごめ歌の時期を待っていたんです。

2012年に呉王朝の会が発足して、葉巻型UFOが完全にシリウスの監視体制に入って、女性の文化のかごめ歌が目を開いたんです。かごめ歌が訪れたというのは、三つ目が開いたということです。

ここで初めて日光と宇都宮の秘密が表に出てくるんです。

どういうことかというと、日光の東照宮をつくったのは天海和尚と言われています。天海和尚は明智光秀ですからね。ちょっと年はとっていますけれども、光秀なんです。その証拠に、どの辺に東照宮の都をつくろうかと丘の上から見渡したところは明智平という名前を残している。そこから、前を見たら、見下ろせば東照宮が見えるんです。裏を振り向いたら、華厳の滝と中禅寺湖が見える唯一の丘なんです。

そして、東照宮の建物に、明智の家紋がたくさん入っています。明智光秀は天海和尚になった。天海和尚は慈眼《じげん》大師です。

前述のとおり、中禅寺湖は、縮小版の琵琶湖の形をしているんです。華厳の滝が遮断されているので丸く見えるけれども、違うんです。上野島《こうずけのしま》が小さくある。ここに光秀の骨が眠っているんです。なぜここに骨をうずめることに入れ込んだか。日光は神の国なんです。神を見守る神殿が宇都宮なんです。その証拠をこれからひもといていきます。

神によってつくられたフリーメーソンのマーク

二荒山神社は日光と宇都宮にあります。だけど、二荒山神社の創始者の豊城入《とよきいり》彦《ひこのみこと》命は宇都宮を開きました。ということは、宇都宮は日光より格が上ということになるんです。

2つでは何かアンバランスだと思いませんか。もう1つの二荒山神社は那須にあります。日光の二荒山、宇都宮の二荒山、那須の二荒山を結ぶとVの字になっているんです。

そして、神話では、戦場ヶ原でオロチと群馬県の赤城のオオムカデの一騎打ちがあったんです。それで血が流れて土壌が赤くなった。そのきっかけをつくったのは東北一の腕前のマタギ（狩人）です。東北一の腕前のマタギが二荒山神社から弓を射ってムカデをやっつけたんです。

あくまで二荒山神社が中心なんです。だから先述の宇都宮環状道路で守りが入った。ＬＲＴ（次世代型路面電車システム）は大変不評で、採算とれないだろうと言われています。国が３分の２も予算を出してなぜあんなものをつくるのか。それは、国の予算がたくさん出て、神殿の町を活性化させようとの思惑があるのです。宇都宮はこれからどんどん覚醒したほうがいい。それで、このＶ字になる。

これに対して大自然、神がつくったもう１つの形があるんです。日光に竜頭の滝があります。龍王峡の上に竜化の滝があります。そして龍門の滝があります。この３つの滝をつなげるとＶの字になる。この滝のＶ字と二荒山神社のＶ字と合わせるとフリーメーソンのマークになるんです。

日光と宇都宮にちゃんと仕掛けたわけです。日光に有名な滝があるでしょう。あれをつなぐと何の形になるか。

まず皆さんご存じなのが湯滝です。竜頭の滝も知っていますね。中禅寺湖から流れ落ちる華厳の滝があります。東照宮の上のほうに行くと、裏見の滝があるんです。霧降川に行くと、霧降の滝があります。

その次は距離が大分離れて、先ほど言った竜化の滝なんです。そこからはるかに距離を置いて、龍門の滝です。これは北斗七星になるんです。神がコントロールして大自然をつくってきた。だから日本の形も神の国としてのものなんです。

こうなってきたら、京都近辺は歯が立たなくなってきました。それだけではありません。天海和尚がメーソンも含めてこの大自然に見習った。日光の東照宮、輪王寺、慈眼堂、日光のお寺は寸分も狂わないで北斗七星に配置されているんです。

だから東照宮は家康のお墓ではありません。あれは神の神殿なんです。

その証拠に、お墓は東照宮の中ではありません。眠り猫のところの門をくぐって、東照宮の敷地の外に出た上にある。だけど、それを表向きにしてしまうとまずいのです。

光秀と秀吉と家康がヤタガラスから命令されて、東照宮によって日本の国体を守りました。だから、秀吉は何でも知っているわけです。

東照宮に「見まい、聞くまい、話すまい」という猿があります。秀吉の俗称を猿と呼びます。あれは秀吉の呪術の彫り物です。口を滑らせてはいけませんよということです。

左甚五郎の眠り猫といったって、私が彫ったほうがもっとうまくできるんじゃないか（笑）。大した彫り物じゃないなと思います。ただ、目をつぶっていて、魔物が通ったら目を開くのが見どころかなという感じです。

それから、陽明門をずっと改修していて、2017年に竣功しましたね。1本だけ、彫り物が逆になっている柱があるんです。それは魔よけだという説だけれども、魔よけもヘチマもない。そんなの理屈にならないです。

1本反転させて、陽明門は北極星の都なんです。陰陽道で、皇居から見て、北極星の真下に東照宮があるんです。ということは、日光は北極星、北斗七星、オリオンの三つ星も全部含んでできているんです。神の神殿がある。ここら辺まではなんとかたどり着きました。

日光の北斗七星

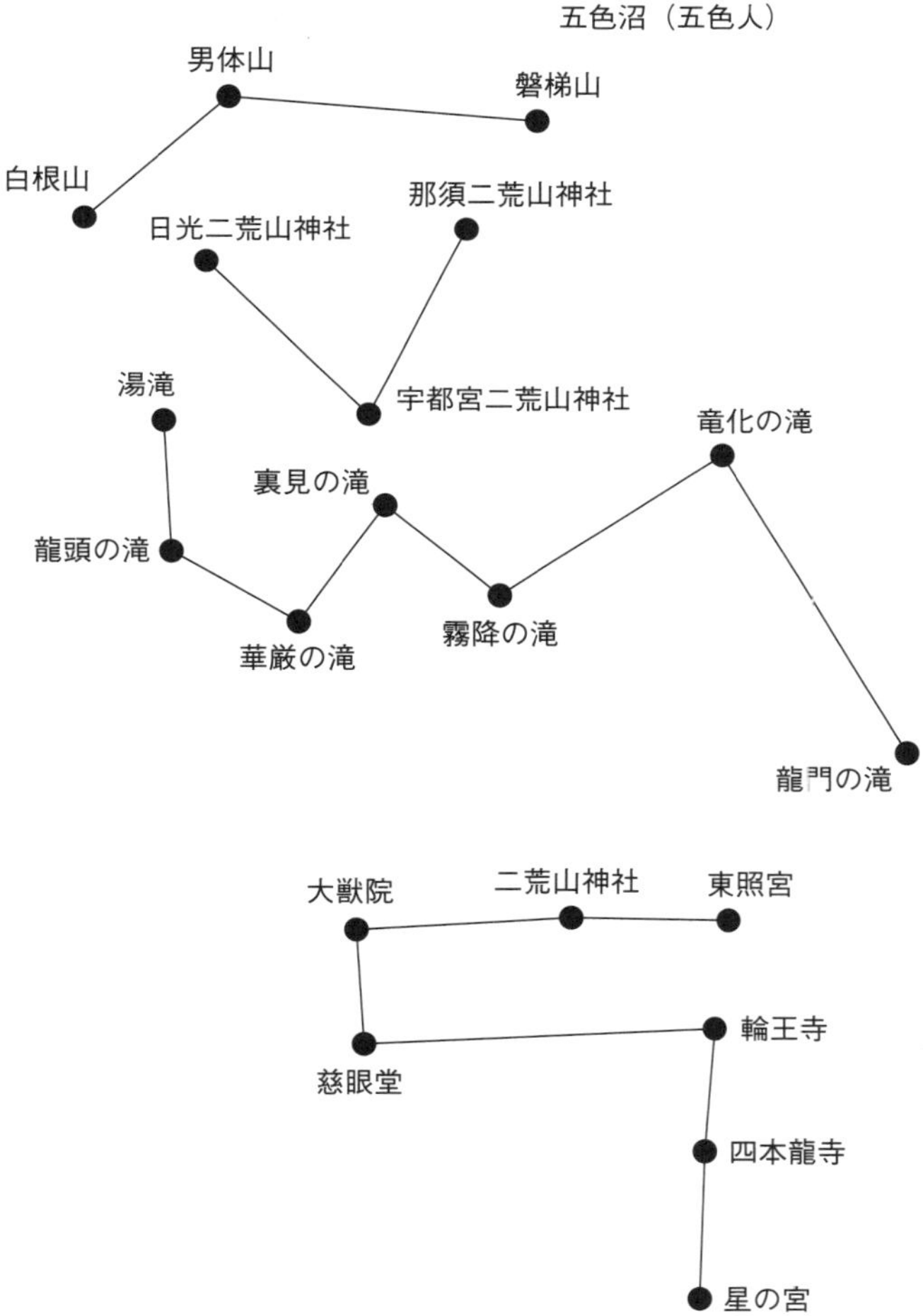
五色沼（五色人）
男体山
磐梯山
白根山
那須二荒山神社
日光二荒山神社
湯滝
宇都宮二荒山神社
竜化の滝
裏見の滝
龍頭の滝
霧降の滝
華厳の滝
龍門の滝
大猷院
二荒山神社
東照宮
輪王寺
慈眼堂
四本龍寺
星の宮

赤穂浪士と江戸の町に呪術的につくられた北斗七星の形の関係!?

天海は、江戸の町にも相反する北斗七星の形を呪術的につくったんです。上野公園の桜の前のあたり、西郷隆盛像の裏のほうに東照宮があります。大した都ではない小ぶりな神殿です。東照宮を中心に浅草寺がある。上野の東照宮、浅草寺、住吉神社、神田明神、皇居、その下が芝・増上寺、高輪・泉岳寺です。これは呪術的にできているんです。

祈りも恨みも入れるわけです。究極の恨みです。その犠牲になったのが赤穂浪士です。それを説明します。

モデルとなったのが紀州道成寺で神話的な言い伝えがあります。安珍・清姫の物語です。お寺の小坊主の安珍が清姫と結婚を約束したんです。それを安珍が裏切った。そうしたら、清姫が怒って大蛇に変身して追いかけていったんです。安珍が道成寺の鐘楼の中に逃げたら、それをぐるぐる巻きにして炎にして焼き殺した。そんな恨みを寺に封じ込めたかった。

そして、泉岳寺の四十七士。4と7を足すと11なんです。四十七士の全員（諸説あり）が切腹した事件は後に、「仮名手本忠臣蔵」という歌舞伎の物語となったんです。あの内容に不自然なことは幾つもあるんです。なぜ47なのか。

それと、殿中松の廊下で、刀を抜いたことが怒りに触れて切腹になった。松の廊下は幅が4メートルぐらい、長さは40メートルぐらいなんです。下が全部板張りで暗いんです。ひさしの隙間とふすまからちょっと光が入る程度で、薄暗くて見えないんです。それで、日本刀の大刀は持って入れません。脇差しなんです。脇差しを抜いて斬れると思いますか。それでけがしたとか言っているけれども、大奥とか家来の人たちが捏造したとしか思えない。問答無用で、半日後のその日のうちに切腹させられてしまった。言いわけを聞いていないんです。赤穂藩の浅野内匠頭の言いわけの言葉が何も残っていない。あの光景は誰も見ていないんです。

では、どういうことか。その時期に徳川の財政は逼迫《ひっぱく》していて、カネがなかったんです。大奥にカネを使いすぎて、もうこれ以上もたないんです。それで、赤穂の塩がカネになるということを見込んで、吉良上野介が赤穂藩の横で塩の製法を教えたんです。それと結託して赤穂の塩を横取りしたんです。それで素浪人になった。

四十七士の親分、大石内蔵助は平和主義者で、討ち入りは絶対反対だったんです。でも、仇討の美談がわんわんと町中の話題になってしまった。それで「やらなければ、おまえら全員恥さらしのレッテルを貼られ生きて行けなくなるだろう」みたいに脅されて、結局やらざるを得なかった。

討ち入りのときに四十七士は誰も死んでいないんです。おかしいでしょう。大体、吉良家の家来に達人の人間はいっぱいいるはずじゃないですか。1人も死なないはずがない。政府が加担したんです。

それで「吉良家は情けない。おまえら、防御もできないのか」ということで、吉良家もお家取り潰しになった。それで丸々と赤穂の塩は政府の財源になったんです。

それだけではありません。泉岳寺には恨みの拠点がなかった。安珍・清姫まで来たけど、これでは北斗七星が完成しない。それでここに四十七士を埋めたんです。これが実情です。夢を壊して申しわけないですね。

よく人柱とかあるでしょう。ものすごい恨みとか怨念をたくさん下に埋めると、その魂のエネルギーが増大して、誰も近づけないんです。だから、ピラミッドでも何でも埋めた。それではかわいそうだというので、その身代わりとして、埴輪ができたわけです。昔の人のほうが目に見えないエネルギーを知っていたんです。

平将門は桓武天皇直系、処刑されたのは弟のほうだった!?

日光と江戸の北斗七星がわかってきましたね。実は、肝心要のもう1つの北斗七星が存在するんです。ここから中枢に入ります。

平安中期の939年に平将門の乱があったんです。平将門が上野《こうずけ》の国、下野《しもつけ》の国と、常陸の国の3つの国府を制圧した。下野《しもつけ》は栃木県です。昔、上野《こうずけ》と下野《しもつけ》は一緒だったんです。上野《かみつけ》の国を仁徳天皇が上野《こうずけ》の国と下野《しもつけ》の国に分けたんです。仁徳天皇は前方後円墳で有名な最大の勢力者です。

なぜそんなことをやったのか。栃木県を心臓として、福島と群馬を肺として、そこに生命の拠点をつくり、システムをつくったんです。939年の平将門の乱で、国府を制圧して自分が天皇になって独立国家をつくると宣言したわけです。

そうしたら、京都の公家連中の怒りに触れて、謀反だということで悪者にされて打ち首になったというのが表向きの歴史です。だけど、将門は死んでいません。将門の実の弟が身代わりで処刑になったんです。

では、将門はどこに行ったのか。何者なのか。京都の平安京をつくった桓武天皇の5代目の直系なのです。

桓武天皇は、藤原京とか平城京で乗っ取られたものを生粋のＹＡＰマイナスの天皇に戻した人なんです。桓武天皇のお母さんは、百済のお姫様です。お父さんは69代目の天皇直系です。そこで陰謀論者は、桓武天皇は向こうから乗っ取られたという誤解を平気で言うわけです。

だけど、先ほど言いましたように、ＹＡＰマイナスは男系にしか継続しないんです。何ら心配ありません。でも、桓武天皇は一応義理を通して、お母さんの母国の神社を上賀茂神社としたんです。そして、下に下鴨神社。この「かも」は字が違います。「賀茂」は韓国のお母さんのほうです。

昭和天皇だったか、韓国に行ったときに、「我々の祖先で百済の母親を大変尊敬申し上げています」と言っている動画があります。あれは言わされているんです。女性は命の根源と潜在意識のDNA、ミトコンドリアのDNA、YAPのDNAですりかえようとしているわけです。

下鴨の「鴨」は鳥でしょう。ヤタガラスです。ただし、年に1回、上賀茂神社から下鴨神社に昔の装束を着て行列でただ歩く行事があります。これに天皇が参加します。お母さんからお父さんの神社をただ歩くだけです。これが秦氏の原点です。

桓武天皇はやっと平安京で生粋の王朝文明に成功したわけです。ただし、足利尊氏のときに、武家文化で後醍醐天皇を追い出してしまって、天皇の直系なんだけれども、権力をなくして、足利尊氏が武士の国家にしてしまったわけです。それが室町から南北朝時代です。

京都の出来事なのに、後醍醐天皇が南朝天皇になった。北朝の天皇のほうがフェイクだとか言いますが、両方とも真実なんです。

だけど、京都の出来事に、なぜ栃木県の足利尊氏が関与しているんですか。足利尊氏とは関係ないと言っている歴史家もいる。そうではありません。国宝になった栃木県足利市の鑁阿寺《ばんなじ》の前に足利尊氏の大きい像があります。だから、京都と栃木県は表と裏で全てリンクするんです。湖にしてもそうです。

いろいろ回り道の話が多くなりましたが、939年、平将門の弟が身代わりで処刑になりました。

これは歴史上、ほかに同じような出来事がありましたね。イエス・キリストです。あれは実の弟が身代わりで磔刑《たっけい》になった。イエス・キリストは日本に来ているんです。青森にイスキリの墓がある。

イエス・キリストはアメリカのほうにもまた布教活動に行ったとか言うけれども、私は日本にとどまったのではないかと思います。モーゼも最後に日本に来ている。

そして、どうもこのひもがとけなかったんです。

もうちょっと真実を探らないと格好つかない。2日ぐらいずっと考えていて、将門が尾瀬に眠っている夢を見たんです。私の頭はおかしくも何ともないですからね。「尾瀬」と「平将門」をインターネットで検索すると、「岩塔《がんとう》ヶ原」「終焉の地」が出てきます。

終焉の地ということは、平将門がそこに眠っているんです。

平将門終焉の地は「岩塔ヶ原」の地下巨大宮殿（永久凍土の中）⁉

ここから佳境に入ります。

尾瀬の水は全部流れて群馬に行って、そこから日本海に流れるんです。一応、山脈で遮られている。

尾瀬ヶ原は、実は1700メートルぐらいの高地なんです。森林限界の高さで大きな木が育たない。そんな高地にこれだけの広い湿地帯というのは世界にありません。

通常、湿地帯は港が近くて、じめじめして水がいっぱい集まります。尾瀬は違うんです。岩塔ヶ原は直径約2～3キロ、周りで4キロか5キロのエリアです。

岩塔ヶ原の名前は2万5000分の1の地図にも抹消されているんです。岩塔ヶ原がある岩塔盆地の名前も出てきません。そして、なんと国で昭和中期に出入り禁止にしているんです。入ると法に触れて逮捕されます。

岩塔ヶ原には石塔が立っています。湿地帯に石塔があるのは不思議でしょう。そこに地下巨大宮殿があるんです。

その宮殿に入ると、ドッペルゲンガー現象が起きると言われている。ドッペルゲンガーは、もう1人の自分自身に出会うという現象です。それだけではありません。地下巨大宮殿の下が永久凍土なんです。永久凍土は1年中凍っている。

そんなところになぜ神殿をつくったか。普通、平安中期にそんな山奥につくる技術力もないでしょう。永久凍土の上に平将門がそこで没した石塔が立っている。石塔には天皇家のルーツと日本人の秘密が刻印されているんです。知られてはまずいことが書いてある。

昭和の中期に日本が第2次世界大戦で負けて、GHQが封鎖したんです。オリオン系の連中がシリウスの秘密を知られたくなくて、地図からも消してしまった。

平安時代に火葬はありません。土葬です。ということは、永久凍土の中に平将門はそっくりそのまま生身の状態で凍っているということになる。

何を意味しているかわかりますね。テクノロジーが発達したら生き返ろうということです。

アメリカとヨーロッパでも、数十年前から永久凍結でそのままになっている大富豪がたくさんいるでしょう。テクノロジーが発達したら生き返る。だって、何万年前の種だって、水をやったら芽が出るじゃないですか。そのままで永久凍結しておけば生き返る可能性はゼロではない。復活を目指しているわけです。

そんなテクノロジーを誰が考えたのかが問題なんです。異星人のテクノロジー以外ありません。岩塔ヶ原はシリウスの日本の国体を守るための基地だったというのが私の結論です。後でその証拠を教えます。

地下宮殿はそのシリウスの基地だから、大きなモニターがあったはずです。自分の姿も見えるから、ドッペルゲンガーと勘違いした部族が一般人にいるわけです。それがサンカ部族です。サンカ部族は山歩きしている縄文以前の部族で、戸籍謄本を持たない。結局、サンカ部族が残っているというふうにしているんです。

だけど、出入り禁止なのに生きていられないでしょう。だからドッペルゲンガーです。

結界としての厳島神社

光秀（天海）は、岩塔ヶ原で終焉した平将門の意味するところを知っていたんです。それで京都の汚染された公家文化に対して、平将門が夢見た本格的な生粋のＹＡＰの都として江戸幕府をつくったわけです。

そのとき、京都に対して結界をつくりました。皇居の横に首塚があるでしょう。鎧《よろい》神社、兜《かぶと》神社、体のお寺で神田寺、ちゃんと北斗七星の形で平将門専用のお寺がある。これを京都に向けて「もうおまえらにはやられないよ」という結界にしたんです。

だけど、2代将軍の秀忠は信長の長女を嫁にもらい長男の秀長が生まれた。つまり、また信長の家系にひっくり返されてしまった。ここにもオリオンの陰謀が見えかくれする。その後、明智光秀の姪っこと家康との間で生まれた子が家光です。そこで次男である家光を3代将軍にすることで復権したんです。つまり家康と春日局の間で生まれたのが家光なのです。それではまずいということで乳母という立場にしたのです。

実は、平将門は復権に失敗しました。源頼朝が鎌倉幕府をつくって武家文化で江戸の町をつくったというのは表向きの歴史です。実は、調べるとそうではないんです。

平将門と頼朝の間に、平清盛が江戸の町をちゃんと制圧したんです。だけど、これではまずいというので、源平合戦で負けさせて、平家の落人になってしまったんです。

だけど、おかしいでしょう。落人といって行ったのは全国です。沖縄にも行っている。みんな一般人の家来の平家が行ったんです。平家のトップの連中は全部、湯西川《ゆにしがわ》に行ったんです。湯西川は鯉のぼりを立てないし、鶏も飼わない。男の子が生まれたというのを知らせない。鶏はコッコッコッコッと鳴くから、人が住んでいるのがバレてしまうということです。その習慣はいまだに守っているみたいです。

歴史上、平家が悪者と言っていながら、平家の落人はプライドを持っている。平家の落人組合までできているんです。おかしいじゃないですか。

平家は将門を中心に生粋の桓武天皇の直系です。清盛はこのままでは腹の虫がおさまらなかった。それでつくったのが厳島神社なんです。

これは世界遺産になりました。海の中に朱塗りの鳥居があって、宮島と通称される島に建っている。平清盛という悪者がつくった割に、随分評価している。

では、海の中の鳥居は何なんだ。満ち潮のときに神が通るということ以外は何もわかっていない。神はどこから来るんですか。

引き潮になったら宮殿になるんです。養老の滝と湯西川の平家の神の水と合体して神が入るという。そこで日光東照宮と厳島神社で京都をサンドイッチにしようと清盛が提案して結界をつくろうと言ったのが広島の厳島神社の目的なんです。神の都の東照宮に遠慮して朱塗りで金箔は使わない。

そこまで来てもまだ信用しない人がいますが、ちゃんと住所に彼が秘密を残しているんです。宮島の住所は、広島県廿日市市宮島町です。厳島神社は、華厳の滝の「厳」をとっているんです。それから、廿日市の「日」のところに日光の言葉を隠している。一宮というのは二荒山神社の別の意味です。華厳の滝、日光、宇都宮の神に来てくれということなんです。

市が2つつながっている市名なんて、実はあるようであまりないんです。このつけ方はおかしいです。廿日市市の「はつか」は20です。市（1）と市（1）を足したら2で、22です。富士山の秘数になるんです。ということは、11次元と三十三間堂の中間の秘数で、富士王朝の秘密まで入れたんです。清盛はよっぽど頭がいいと思う。命がけでつくった神社です。

なぜ広島のほうにつくったか。京都の近くではありません。サンドイッチにするという目的と、出雲に近いんです。それでいざとなれば呪術的に何かできる。

京都の文化は、目に見えて、けばっぽくて派手です。京都の若者は「伊達男」という。実は今の時代はＢＭＷに乗って、ロレックスをはめて、ミッソーニでも着て、伊達男は非常にカネがかかるんです。だけど、江戸の若者は粋な男でカネがかかりません。精神性の高さで勝負している。

それに対して、京懐石はすごくおいしそうです。江戸は単品の勝負です。寿司食いねえ、蕎麦食いねえで単品勝負したら、江戸のほうがグレードはずっと高い。江戸湾は暖流と寒流がぶつかった流れが入ってきますから、ネタだって脂ののりが違います。京都は試行錯誤で懐石を華やかにつくるけれども、グレードは江戸のほうが高い。

なぜならば、水のクオリティーが違う。琵琶湖には「琵琶湖周航の歌」というのがあります。あれは京都大の連中が年に1回、歌いながら回るんです。だけど、琵琶湖の水と中禅寺湖の水のクオリティーは違います。完璧に中禅寺湖のほうが上です。一説には中禅寺湖の水の透明度は世界一と言われています。

中禅寺湖の周辺は人があまり住んでいません。神の国だから住まない。そして、その上の尾瀬ヶ原は高天ヶ原なんです。その名称が現地に存在しています。これは古事記で言うところの神の天国です。平将門は神の国に眠っているんです。

そして、平将門の天皇家の一門は1人では絶対行かないでしょう。最低でも30～50人の家族ぐるみで行きます。そうしたら、将門が死んで永久凍土に眠った後、天皇の家臣はどうしたのか。平家の落人が来るまで、日光連山を渡って、湯西川で待機していたんです。だから、平家の落人の豪族が来たときに、宇都宮城の主の宇都宮氏が導いていったという記録があるんです。

939年に将門の乱があって、その約240年後に源平合戦になっているんです。240年間、日本の国体を守るために湯西川で待っていたんです。落人が来てから、その後1200年ぐらいから1600年ぐらいまで、約400年間、正体不明の歴史になってしまった。ということは、歴史が切れているんです。それで、ちょうど徳川幕府をつくるころに平家が出てきたんです。

それまでの歴史がないということは、日本にいなかったんです。400年間どこに行っていたか。私の勘では、王族の連中だから、YAPマイナス直系の政府が樹立されるまで月の裏側のシリウスの宮殿に疎開していたんじゃないか。それが『竹取物語』の原型だと思うんです。『竹取物語』の原作者を調べると、紀貫之が出てくる場合もあるけれども、紀貫之はそういうのは手がけていません。

もう一度言いますが、京都に位置するのが宇都宮です。日光のところが京都の裏です。最澄の比叡山は日光とグレードが違います。わずか30キロのところで、日光はものすごい光景があるじゃないですか。そして、神橋のところに天海和尚の像があります。どこを向いていますか。彼は東照宮を見ていません。自分が眠っている上野島を見ているんです。

日光街道は上野駅から上野島まで、上野から上野の道路なんです。日光街道の起点は日本橋ではありません。上野はきわめてプライドを持っているので、東京から近くても絶対まじらない。だけど、1991年に折れて、東北新幹線を東京駅まで通すようになった。上野は東京よりグレードが高いんです。

2012年にもう1つ起きたことがあるんです。戦争で負けて、最初の塔をつくったのが333メートルの東京タワーです。メーソンが666の半分にして日本のエネルギーをダウンさせようとしたんです。東京タワーの下に第1号のロッジをつくったんです。

だけど、2012年に「我々は本格的に動くんだ」ということで開業したのがスカイツリーなんです。スカイツリーの表向きの高さは634メートルになっている。でも、基礎の下から高さをはかると666メートルになるんです。

偶然にも浅草から出る東武鉄道の終点は日光じゃないですか。日光東照宮の五重塔の頂上が海抜666メートルなんです。同じ高さだということで喜んだふりして2012年の同じ日に五重塔を史上初めて一般公開したんです。

大体時代錯誤だと思いませんか。東京タワーで十分でしょう。これからは衛星放送の時代です。違うんです。2012年に向けて、スカイツリー等で全て三つ目が開くように仕向けた。これからオリオンの連中は手出しできません。

私はアートの仕事で韓国やアメリカで主要な人に会って何度か聞きました。中国の連中が「日本人を本気で怒らせるな」と言っているんです。日本人はおとなしいように見えるでしょう。とことん追い詰めたら、おとなしくありませんからね。自分を犠牲にして、命をかけます。それで厳島神社がつくられた。だから、平家は悪者ではないんです。

源氏だって不思議です。那須与一が的を射たというのはどうもフェイクらしいんです。揺れているのに当たるわけないじゃない。全て源氏の美談にしたんです。

義経は鞍馬寺で修行を積みました。夜は天狗の手ほどきを受けたと言っているんです。だから鞍馬天狗の名称で呼ばれたのです。だけど、平泉に行って、彼は殺されていません。義経はそのまま海を渡ってチンギス・カンになったんです。これは有名な話です。ササリンドウの家紋が至る都市に彫ってあります。チンギス・カンはモンゴル語を話せなかった。との言い伝えがあります。騎馬を使っていろいろ編み出した兵法が義経の兵法そっくりです。モンゴルでチンギス・カンの墓なんて見つかるはずありません。だけど歴史上証拠がないということで、源氏は3代ぐらいで滅びたことになっているのです。

あの世の都の神殿がある宇都宮は「宇宙の宮」なのです！

もう一度言いますが、宇都宮は宇宙の宮なんです。日光連山の霊的な岩盤で数百メートル下、べろのように伸びていて、地震に強いし、台風の直撃も受けない。ちょうど山に囲まれていて、揺りかごのように何でも食べられる。だから、3・11のとき、鬼怒川の向こうは泥炭地帯で岩盤がないから、瓦は落ちるわ、石碑は倒れるわ、大変な被害が出ました。宇都宮のほうは被害はほとんどなかった。

昔、宇都宮の研究家の友達がいて、鬼怒川の語源を調べたんです。鬼が怒るように川が氾濫するなんて形跡はありません。あと、きぬをさらしてというのも違う。「海の向こうから渡ってきた鬼が、この川の向こうは神の国なので渡れないで怒った」というのが鬼怒川の語源の由来です。

宇都宮は神の国、宇宙の宮なんです。あの世の都の神殿があるんです。栃木県の人はこれからそこを自覚してほしいんです。足利学校があるし、栃木市は奈良と同じように設計されています。

栃木市は水がきれいでしょう。森林がいっぱいある鹿沼は飛騨高山です。だから、東照宮でいっぱい彫った匠が数多く残って、鹿沼の山車はすごいのです。

世界最大の古文書「ヤタガラス文書」

決定的な秘密を教えます。世界最大の古文書は、実は旧約聖書でも死海文書でも竹内文書でもないんです。「ヤタガラス文書」というものがある。でも、これは表に出さないんです。たとえそれを奪ったとしても、データベースはシリウスでちゃんと保管しています。

平将門は暗殺されたということになっていますが、実は弟が身代わりになって、将門は尾瀬の岩塔ヶ原に行ったんです。石塔があって、それが将門の墓碑だと言われています。これは前述しました。

あの辺一帯が、昭和中期に出入り禁止になってしまったんです。昭和の中期に何があったか。第2次大戦で日本が負けて、GHQが封鎖したんです。では、日本の天皇の秘密と日本人の秘密が刻まれている石塔を、なぜ破壊しなかったのか。破壊してもダメなんです。その地下に巨大宮殿があって、それがＵＦＯ基地だったからです。シリウスで守っているものだから、破壊してもデータベースがあるし、逆にオリオン系がそこまでやると大変なことになるので、怖くてできなかった。せめて出入り禁止レベルです。

死海文書には、「このまま人類が発展を遂げても、いずれ滅びる危機を迎える。そのときには海を隔てた東の日の出る国の民が救済の民族として訪れる」と書かれています。

基本のメーソン、イルミナティはシリウスですが、ルシファーとオーリーオーンが手を組んでオリオンの文化に捏造してしまった。今のメーソン、イルミナティが、その前に日本をなんとかやっつけてしまおうと、歴史上、織田信長とか、明治維新とか、いろいろやったわけです。

隼をつくった中島飛行機の技術が富士重工、プリンス、トヨタに伝わった

第2次大戦のときには、オリオン系のエリザベスの命令でドイツの科学者から零戦の設計図が三菱に渡りました。

そのときに、ちょっと待て、日本の国体はそれではダメだということで、当時、大臣をしていた中島知久平が中島飛行機でつくったのが「隼《はやぶさ》」です。戦後、中島飛行機は解体され、一部が富士重工（SUBARU）になりました。

オリオンの戦闘機とシリウスの戦闘機の戦いは2012年まで続いて、それが世界ラリー選手権のSUBARUのインプレッサと三菱のランサーエボリューションの闘いだったわけです。つまりオリオン直系の零戦とシリウス直系の隼の戦いが2012年まで続いたのです。

なぜ世界の頂点を日本のメーカーが争わなくてはいけないのか。2012年で時代が変わるということで、オリオンの連中が手を引いて、現在はトヨタの牙城です。わざとトヨタに対抗しないんです。

終戦を迎えたときに、中島飛行機の技術がプリンスとトヨタに伝わったんです。日産のスカイラインGT－Rは、一般市販車の世界最速を目指しました。シリウスのテクノロジーがあれば、フェラーリとかランボルギーニの2分の1以下の値段で世界最速のクルマをつくれるんです。

トヨタが3大レースの1つのルマンに挑んで、3年前から予選の1、2位はトヨタで、ポルシェはハイブリッドエンジンではどうしても勝てなくなったわけです。そこで、最初の2年間は、途中でわざとぶつけたり、コースに復帰するときに突然赤旗で止めたりしてトヨタの邪魔をしたんです。

加速しようというときに止めると、レーシングエンジンは圧縮比がすごく高いので燃料がかぶってしまって、もうエンジンがかからなくなる。いろんな手を使って、トヨタがルマンで勝てないようにしたんですが、予選でダントツに速いので、ポルシェは2017年をもって撤退して、トヨタが圧倒的な速さでルマンで初めて勝ちました。

F1では、1・5リッットルターボエンジンのハイブリッドシステムにカテゴリーを変えたんですが、カテゴリーを変える5、6年前からメルセデスにひそかにその情報を流していたんです。メルセデスがF1で勝てるエンジンを既につくってから、来年からハイブリッドにすると急に言い出したんです。ハイブリッドになって1年たってからホンダが参戦したけれども、既に6年、7年の研究のタイムラグがあるわけですから、勝てっこない。

でも、ホンダは途中で気がついて、F1に復帰してから1年たってから、栃木県にあるF1の開発拠点「さくら」に約500億円を投じたんです。これには世界中のF1関係者が度肝を抜かれました。おそらく2019年あたりからホンダがトップになると思います。

F1を日本車が牛耳って、ルマンではトヨタのハイブリッドに勝てない、残りはインディですが、2017年、佐藤琢磨が優勝しました。オートバイも、ホンダがグランプリで圧勝です。だから、クルマ、オートバイが日本の独壇場になる一歩手前です。

F1はオリオンのスポーツです。だから、チューニング工場の6割ぐらいがいまだにイギリスにあるわけです。

宇都宮のオリオン通りはオリオン系とシリウス系に分かれている

宇宙の都が宇都宮です。日光の右手側、宇都宮環状道路の真ん中に二荒山神社があります。二荒山神社から見おろすと、オリオン通りがある。

オリオン通りの3分の2の長さの東武デパートに近いところのオリオン通り町内会と、二荒山神社に近いところの3分の1ぐらいのわずかな距離のオリオン通り町内会が、まったく仲がよくなくて、ケンカ別れしています。話がまとまらないんです。

20～30年前にアーケードをつくったときには、それぞれ設計もカネの出どころもまったく違う。3分の2と3分の1の間に釜川が流れているんですが、釜川の源流は大谷《だいや》川です。大谷川を境に、二荒山神社に近いオリオン通りの連中のほうが威張っているし、カネ回りも全然違う。

なぜなのでしょうか。これは私がビジュアルとして夢で見た話ですが、二荒山神社に近いオリオン通りの連中は、ルシフェル、つまりシリウスに近いオリオン星人なんです。

その証拠に、二荒山神社に近いオリオン通りの中間あたりに、この部屋［神楽坂ヒカルランドみらくる］の1・5倍ぐらいの黒い御影石を敷き詰めて、オリオン星座が刻印されています。残り3分の2のオリオン通りのルーツは、堕天使オーリーオーンのDNAです。オリオンというのを、ちゃんと2つに分けているんです。

ルシフェルはもともとシリウスなのに、お父さんに闘いを挑んでしまって、ミカエルに天使長の座を奪われてしまった。そのときにミカエルはなぜルシフェルと手を組まなかったのか、私は不思議に思うんです。もし手を組んでいたら、歴史がひっくり返ってしまった可能性がある。

そこから約5キロ離れた宇都宮環状道路の内側に、SUBARUの航空宇宙分野の拠点があるんです。プレアデス。２０１７年に富士重工からＳＵＢＡＲＵに社名を変更しました。

三菱重工はオリオン系、SUBARUはシリウス系

三菱重工は、オリオン系がルーツの軍需産業で、10式（ひとまるしき）戦車をつくっています。これは世界最高峰のテクノロジーで、時速約75キロで野山を駆け回りながら、4キロ先のリンゴをピンポイントで打ち抜ける。

上の照準がジャイロでコンピューター制御で、下の動きとはまったく別に照準が動くんです。世界中がこれを欲しがっているわけです。三菱重工は、今度は戦闘機もつくり出しました。

ところが、シリウスのSUBARUは負けてない。世界最先端のミサイルは富士重工でつくっているんです。

夜中2時過ぎごろに富士重工の正門と裏門を見張っていると、ブルーのライト

をつけた先導車と後続車に守られて、約20メートルから30メートルの長さのミサイルを積んだ大型トレーラーが入ってきます。富士重工で、中の部品や電子機器を組み込むのではないかと思います。一説では、富士重工はパトリオット以上のミサイルをつくっています。

自動小銃も、ＳＵＢＡＲＵのものが世界一性能がいい。

ステルス戦闘機のＦ22は、カーボンで上と下をつくって接着剤でくっつけているんですが、そのカーボンは東レが開発しています。

中のＩＣ機器はソニーとか東芝がつくっていて、ブラウン管のモニターはパナソニックがつくっています。

なぜ電子機器のモニターにしないかというと、砲撃されたりして衝撃を受けて電子パネルにヒビが入ると一発で消えてしまうけれども、ブラウン管は消えないんだそうです。周りを強固にすると映る。ブラウン管のほうが耐久性があるんです。

うちの兄貴がナショナルのブラウン管工場の工場長をやっていて、20メートル、

30メートルのビルの上からブラウン管を落として壊れるかどうかテストすると言うので、なぜこんなことをやっているのかと思ったら、戦闘機のブラウン管をつくっていたんです。

アメリカの戦闘機は、重要な部品は全部日本製だと思っていいです。ヨーロッパのエアバスの上と下の間のカーボン素材の橋桁は、どこのメーカーもつくれなかったんですが、それをつくったのは日本の中小企業です。

日本はアメリカからF15、F16戦闘機を輸入しているけれども、8割ぐらいの能力しか出ないように設計されているんです。IC機器とかデータベースがブラックボックスで、それを開けるとGPSでアメリカに連絡が行くようになっている。つまり、日本のF16とアメリカのF16が戦うと、日本が必ず負けるようになっているんです。

でも、そろそろ富士重工が戦闘機をつくり出しました。しかも、本当は戦闘機じゃなくてミサイルなんです。だから、富士重工が本気になれば、ミサイル戦争で勝つでしょう。

Part 7

ガイアの夜明け、
１人１人の
覚醒を担うのは、
日光と宇都宮である……

バタフライ効果を生む人間の心の変化

普通、我々は幾ら知識を覚えても、何を考えてやっても、地球規模のことには何も通用しないと思うじゃないですか。結論を言うと、バタフライ効果というのがあるんです。

どういうことかというと、アマゾンの奥地で2羽か3羽のバタフライ（チョウ）が羽ばたくわけです。羽ばたいて空気が波動で動く。スーパーコンピューターでそれをシミュレーションしていくと、その波動がさまざまなところに影響を及ぼして、最後はハリケーンになるんです。

人間の魂、心もある程度の領域以上の思いを持つと、バタフライ効果と同じ現象が起きてくるんです。これが素粒子論で証明されています。

恋人の彼を地球の裏側へ持っていって、スーパーマンではないけれども、鉛の部屋に入れればX線も通らない。そこで何も食べさせないで、死にそうだとなると、だんだん心の波動が荒くなるじゃないですか。「ああ、もうダメだ」というとき、ピッと地球の裏側の彼女にはその波動がリンクするんです。そういう仮説も実験で随分証明されています。

1人の人間、2人の人間の心の大きな変化が地球、宇宙まで動かすことが素粒子で証明される。それがバタフライ効果です。

ガイア地母神は地球を中心にした生命体です。

死んだ人のエネルギーは約30グラム軽くなります。北極と南極のオーロラの集まりは、その意識の波動です。

映画『紅の豚』を見たことがありますか。雲の上に主人公が飛んでいくと、亡くなった兵士仲間の連中がさらに上空へスーッとオーロラのような帯をなして飛んでいってしまう。

ガイアは地球地母神の生命体であるわけです。地球が1つの脳と仮定すると、我々1人1人が脳の1つの細胞なんです。

細胞と細胞の意識がつながったニューロンの神経回路は、今で言うところのインターネットなんです。

それで1つの方向に意識を統一して、4割、5割以上の意識が統一されると、地球そのものが覚醒してしまうのです。これがガイアの夜明けです。

それのキーパーソンが日光と宇都宮を出発点とした全世界の人々の意識と考えてください。決して大阪、京都ではありません。だから、1人の意識が変わっても何もならない、なんて、とんでもない。そこが大事なんです。これは素粒子でも何でも証明されているんです。

証拠は何もないんですが、将門が眠っているのは本当です。400年間いなかった理由は、私は『竹取物語』の原型と見ているんです。だって、絶えずシリウスが後ろで日本を守っている。2012年の夜明けから、葉巻型UFOで監視して、重要なときは必ず連中が助け船を出しているじゃないですか。

オリオンはこの辺で諦めてきましたね。その証拠に、2011年に日本は原発を全部停止しました。それが1基か2基しか復活していない。原子力の核融合はタダ当然で、原子力の核分裂の原料のウランはやつらの利権です。

核融合実験も完成されているんです。核分裂ではなくて核融合は重水素、2重水素などの塩水が原料で核融合できて、放射能は出ない。核融合はＵＦＯの原理になるんです。ＪＴ－60と核融合は20年ぐらい前に完成しているんです。

私が20歳のころ、東京で早稲田の理工学部の先輩が研究していて、勉強したことがあるんですけれども、ＪＴ－60は巨大なボルトでとめておかないと、約1メートルぐらい浮いてしまうんです。プラズマ状態が無重力を生み出すのです。この原理で放射能は出ないわけです。なぜやらないか。やつらの物質文明がウランでカネ儲けしたいわけです。

だけども、あの後、本当だったらマスコミを動かして、どんどん原発を稼働してもいいはずなのにしないでしょう。「もう、おまえらいいかげんにしろ」と、２０１２年からやつらの手が届かなくなってきたんです。ここで我々が意思統一を図らなくてはいけない。ただ単に生きていたのではダメです。

私はテニスクラブをアートのためにやってきました。スクール生を見ていると独身のときは、車のローンで終わってしまうでしょう。独身女性は「2リッター以下の助手席に乗らない」なんてふざけたことを言って、軽自動車なんかだと彼女が見つからないからです。

スクールで仲よくなった2人が、日曜日にテニスをやりに来るわけです。彼女の小さな車で、ファミレスに食べに行くんです。私が冗談で「彼があんなにいい車に乗っているのに何で？」と言ったら、「コーチ、違うんです。彼は車のローンでまったくクビが回らなくてガソリン代も出ないんです。2人だったらいつも私の車を使う」と言う。だったらそんな高価な車を買わなければいいだろうと思う。

2人がなんとか結婚して、35歳ぐらいになって子どもが2人ぐらいできる。奥さんが、やんややんや責めるでしょう。さっきの話ではないけれども、執念深さにおいては男性より倍以上強いから、女性に押し切られて住宅を建てる。住宅ローンを払い終わったら70歳、80歳です。そのとき、「夢を与えてくれなかった」

と言って離婚になりますからね。

独身のときは車ローン、結婚したら住宅ローン、物質文明で一生終わってしまうような社会の構図が全部とは言いませんけれども、家なんてちょっとリフォームしていけば100年たっても200年たっても十分住めるんです。

だから、やっとここに来て、意識を中心とした世界観にしなければならない。

それは2012年にミッションが動き出したんです。

宇都宮は神の国です。だから雷が一番多い。神社をくぐると鳥居がありますね。ヤタガラス、YAPの人が鳥居なんです。

鳥居を通って、手を洗って奥へ進むと、ねじり鉢巻きみたいなしめ縄がある。あれは雷雲をあらわしているんです。

ざんざらの紙垂れがあるでしょう。あれは稲妻をあらわしている。ガランガランというのは稲妻の音なんです。そして、パンパンと手をたたいてお祈りする。

神は光なんです。意識も光なんです。電子が光になるんです。その光に乗っていく。光が神なんです。神の国だから宇都宮に光を一番多く落とすわけです。

意識を変える松果体が発達している日本人

意識が光だということを最後にお話しして終わりにします。

素粒子で証明できるんです。基本的に素粒子は、陽子と中性子の2つに分かれます。中間子というのもあるけれども、これは附属です。

陽子は、３つのクオークでできているんです。そして、陽子がアップ・アップ・ダウン・クオークで、中性子がアップ・ダウン・ダウン・クオークなんです。そうすると、アップ・クオークがプラス3分の2の電荷を帯びていて、ダウン・クオークがマイナス3分の1の電荷を帯びているんです。

陽子はアップ・アップ・ダウンでできている素粒子なので、電気の量が3分の2足す3分の2引く3分の1になるんです。3分の4から3分の1を引いたら1

です。プラス1の電荷になると、マイナス1の電子が1個回っていられる。つり合うんです。30の電荷を帯びたら、電子が30個回れるんです。

中性子は3分の2引く3分の1引く3分の1です。そうしたら、中性子は電荷がゼロになってしまうんです。ゼロになったら電子はいられなくなる。居場所がなくなったら、電子が外に飛び出すんです。そして、光とかニュートリノ、電磁波、X線のエネルギーになる。どういうのかというと、電子は半整数のスピン、半分でクルックルッと回っているんです。

光は、整数でクルクル回っているんです。ということは、光より電子の倍のエネルギーを持っている。ドリルだって、2倍の速さの回転力にしたら、穴があく力が倍になるでしょう。そうすると、ここに入れたエネルギーが半分抜けて光になるんです。

問題は、いつこういう現象になったのか。ある日突然、頭の中から宇宙で、陽子が中性子に、中性子が陽子に絶えず無数に変換しているんです。何をきっかけに変わるかは物理学者がたどり着けないんです。これが心の正体なんです。意識なんです。

これを図面で書いたのがファインマン方程式です。これでノーベル賞を取りました。意識でどういうふうにでも変えられるということが証明されるんです。意識を変えるエネルギーは直感で、松果体です。

松果体が一番発達している民族は日本人でしょう。その日本人の中枢の都が宇都宮なんですよ。

私は国連支援で不動産でカネ儲けしようと思っていろいろ動いています。何度もだまされたので、お人よしも卒業しようと思うんです。私は生きとし生けるものは全部いい人だと思うから、非常にえじきになりやすい。

だけども、2019年は心を鬼にして何とかしたい。そうしたら宮殿を建てて、その地下宮殿をUFO基地にしようと思うんです。

計算すると、ホンダとかトヨタレベルでUFOをつくれば、3次元の高周波でやると引力がなくなるんです。だから、大体700万〜800万円で3〜4人乗りのUFOがつくれます。皆さんたちが会員になれば、ぜひ一緒に乗りましょう。

画集「虚舟」の表紙

テクノロジーは、さっき見たでしょう。

私の画集が『虚舟』というタイトルです。江戸時代末期に江戸の町にＵＦＯがおりたんです。ＵＦＯの姿を伝える瓦版がいっぱい残っているんです。

窓をのぞくとカタカムナ文字が書いてあって、王とか何とかの字が書いてある。中からどういう音が聞こえて、そこから箱を持った女性がおりてきたというのが瓦版に残っているんです。『虚舟』の女性が箱を持っていて、歴史上のＵＦＯからおりてきた女性も、同じ箱を持っている。

そういうわけで、今回のお話は私の話というよりは、皆さんたちが次元上昇のアセンションの意識を持っていただくということにつながります。

不思議・健康・スピリチュアルファン必読！
ヒカルランドパークメールマガジン会員とは??

ヒカルランドパークでは無料のメールマガジンで皆さまにワクワク☆ドキドキの最新情報をお伝えしております！　キャンセル待ち必須の大人気セミナーの先行告知／メルマガ会員だけの無料セミナーのご案内／ここだけの書籍・グッズの裏話トークなど、お得な内容たっぷり。下記のページから簡単にご登録できますので、ぜひご利用ください！

◀ヒカルランドパークメールマガジンの登録はこちらから

ヒカルランドの新次元の雑誌「ハピハピ Hi-Ringo」
読者さま募集中！

ヒカルランドパークの超お役立ちアイテムと、「Hi-Ringo」の量子的オリジナル商品情報が合体！　まさに“他では見られない”ここだけのアイテムや、スピリチュアル・健康情報満載の１冊にリニューアルしました。なんと雑誌自体に「量子加工」を施す前代未聞のおまけ付き☆持っているだけで心身が“ととのう”声が寄せられています。巻末には、ヒカルランドの最新書籍がわかる「ブックカタログ」も付いて、とっても充実した内容に進化しました。ご希望の方に無料でお届けしますので、ヒカルランドパークまでお申し込みください。

＼量子加工済み♪／

Vol.9 発行中！

ヒカルランドパーク
メールマガジン＆ハピハピ Hi-Ringo お問い合わせ先

- お電話：03－6265－0852
- FAX：03－6265－0853
- e-mail：info@hikarulandpark.jp

・メルマガご希望の方：お名前・メールアドレスをお知らせください。
・ハピハピHi-Ringoご希望の方：お名前・ご住所・お電話番号をお知らせください。

篠﨑 崇　しのざき たかし

1952年栃木県宇都宮市生まれ。

８歳より、地方および全国絵画展にて受賞多数。

1988年 国展 洋画部門初入選する。以後、版画部門にて10年連続入選。

アート活動のため、20代よりテニスクラブ、ガス会社等を経営する。

2008年11月 ジョン・ソルト氏によりハーバード大学主催の世界文化学会にて画集「虚舟」が発表される。

2011年10月 岡本太郎美術館にて岡本太郎生誕100年記念展として「虚舟展」が開催される。

2013年 ビバリーヒルズのゲティーセンターに「篠﨑崇研究ブース」が設立される。

国連支援交流協会 兼文化・芸術振興支部長。

宇都宮＝宇宙の宮から見た
【シリウスvsオリオン】

第一刷　2018年12月31日
第二刷　2025年5月1日

著者　篠崎　崇

発行人　石井健資
発行所　株式会社ヒカルランド
〒162-0821　東京都新宿区津久戸町3-11　TH1ビル6F
電話　03-6265-0852　ファックス　03-6265-0853
http://www.hikaruland.co.jp　info@hikaruland.co.jp
振替　00180-8-496587

本文・カバー・製本　中央精版印刷株式会社
DTP　株式会社キャップス
編集担当　志田恵里

ISBN978-4-86471-703-8

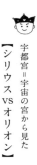

自然の中にいるような心地よさと開放感が
あなたにキセキを起こします

元氣屋イッテルの１階は、自然の生命活性エネルギーと肉体との交流を目的に創られた、奇跡の杉の空間です。私たちの生活の周りには多くの木材が使われていますが、そのどれもが高温乾燥・薬剤塗布により微生物がいなくなった、本来もっているはずの薬効を封じられているものばかりです。元氣屋イッテルの床、壁などの内装に使用しているのは、すべて45℃のほどよい環境でやさしくじっくり乾燥させた日本の杉材。しかもこの乾燥室さえも木材で作られた特別なものです。水分だけがなくなった杉材の中では、微生物や酵素が生きています。さらに、室内の冷暖房には従来のエアコンとはまったく異なるコンセプトで作られた特製の光冷暖房機を採用しています。この光冷暖は部屋全体に施された漆喰との共鳴反応によって、自然そのもののような心地よさを再現。森林浴をしているような開放感に包まれます。

みらくるな変化を起こす施術やイベントが
自由なあなたへと解放します

ヒカルランドで出版された著者の先生方やご縁のあった先生方のセッションが受けられる、お話が聞けるイベントを不定期開催しています。カラダとココロ、そして魂と向き合い、解放される、かけがえのない時間です。詳細はホームページ、またはメールマガジン、SNSなどでお知らせします。

元氣屋イッテル（神楽坂ヒカルランド　みらくる：癒しと健康）
〒162-0805　東京都新宿区矢来町111番地
地下鉄東西線神楽坂駅２番出口より徒歩２分
TEL：03-5579-8948　メール：info@hikarulandmarket.com
不定休（営業日はホームページをご確認ください）
営業時間11：00〜18：00（イベント開催時など、営業時間が変更になる場合があります。）
※ Healingメニューは予約制。事前のお申込みが必要となります。
ホームページ：https://kagurazakamiracle.com/

ヒカルランド　好評既刊！

地上の星☆ヒカルランド　銀河より届く愛と叡智の宅配便

霊派【REISM】への流れ
著者：篠﨑 崇（SINO）
四六ハード　本体3,000円+税

『銀河鉄道の夜』の巨大な謎
究極のメシア
著者：篠﨑 崇
四六ハード　本体2,300円+税

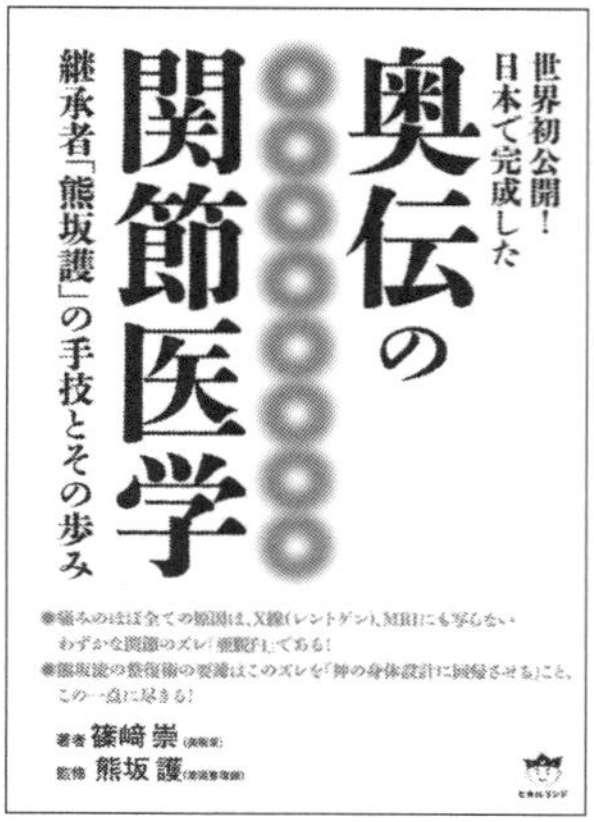

奥伝の関節医学
継承者「熊坂護」の手技とその歩み
著者：篠﨑 崇（美術家）
監修：熊坂 護（柔道整復師）
四六ハード　本体2,500円+税

モナ・リザと最後の晩餐
著者：下田幸知（画家／ニューヨーク在住）
監修：篠﨑 崇
四六ハード　本体3,000円+税

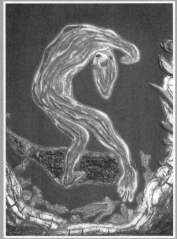